なぜ、「子供部屋」をつくるのか

集中力・思考力は
個室でこそ磨かれる

藤原智美

廣済堂出版

［目次］

まえがき

私たちは子供部屋の大切さを本当に分かっているのか

子供部屋をどうしていいか分からない

私は今から約二〇年ほど前に『「家をつくる」ということ』という本を書きました。「日本の家族が不安定化している」「親子のコミュニケーションが不足している」ということがいわれ始めたころでした。

一番うちとけた関係であるはずの家族が、もっとも飾らない素顔でいられるはずの家の中で、「仮面夫婦」であったり「演技する家族」であったりする。そういう現実があることも知りました。

そうしたややこしい複雑な状態の中で、家族にふさわしいマイホームをつくるのは、ほんとうにむずかしいことです。しかも資金的な制約の中で家を建て、購入しなければならない。住まいを手に入れるというのは、とにかく難問だらけ。

私たちには入学、卒業、就職、結婚とつぎつぎに人生の節目が訪れます。そのたびに喜びもありますが同時に、ためらいや妥協をともなう選択が生じるものです。それが正しかったのかどうかはあとになって分かること。「家をつくる」「家を買う」ということもそれと同じく、のちの人生を左右する大きな節目の一つといえるでしょう。

家づくりはまさに悩みの産物でもありますが、中でも頭を悩ませるのが「子供部屋」です。わが子のためにはどんな部屋がいいのか見当もつかない、イメージが湧かないという人が少なくありません。ことにわが子への思い、期待が大きい人ほどその傾向が強いのです。

家には子供部屋さえあればいい？

ずいぶん前になりますが、ある大手ハウスメーカーの社長に、家づくりについて話をきいたことがあります。彼の家づくりのモットーは、耳を疑うようなものでした。

「家には屋根と収納と子供部屋があればいい」

まったく驚きでした。だって、それでは家族の団らんであるリビングはどうするの？　収納スペースは必要でも、親の居場所はいらないの？　と疑問ばかりが浮かびました。部屋は子供部屋だけ、というのは現実味のない主張にきこえたのです。

しかし彼の立場を考えてみると、すぐに納得できました。

マイホームを手に入れようという人たちの念頭にあるのは、じつは「子育て」です。購入動機で一番大きいのは、なにより「子育て」なのです。だからこそ、家で一番大事な「子供部屋」に悩む人が多いのです。

「子供部屋があればいい」という一見、極論に思える言葉も、マイホームを提供する社長が消費者へむけたアピールだと考えれば、じつに的を射たものだったわけです。このモットーは言葉をかえれば「子育てを重視した家をわが社はつくります」という広告だったともいえます。

ところがその後、私はあるきっかけがもとで、「家には子供部屋があればいい」という言葉には、もっと深い本質的なものが隠されていることを悟りました。

子供部屋だけの巣があった

オオミズナギドリという海鳥がいます。国の天然記念物です。

二〇年以上前のこと、東京都の御蔵島を訪れたときに初めてその鳥の、びっくりするような生態について知り、私はたいへん興味をもちました。その後はすっかり忘れていましたが、しばらくして、あるテレビ番組で紹介されたオオミズナギドリ繁殖のニュースを見て、唐突にその生態について思いだしました。すると、なぜか、あの社長の言葉がはらむ、ほんとうの意味が分かり、すべてが腑に落ちたのです。

　オオミズナギドリは、みずから羽ばたいて空に舞いあがることができません。形は他の海鳥とさしてかわらないのに、なぜか自分の力だけで飛び上がることができないのです。だから彼らは島の急な斜面に巣をつくる。そこを走りおりながら勢いをつけて、最後に滑空して飛び立つ。わが家である巣に帰るときも、斜面にドサッと音をたててぶつかるように着地し、あとは歩いて巣までもどります。ちょっとぶざまな、ヘンな鳥なのです。

　そういうわけだから、巣は木につくるのではなく、奥行きが一メートルほどもある横穴を地面に掘ってつくります。卵はメス、オスが交代で抱きます。人間の「イクメン」顔負けの育児分担が進んでいます。育児していないあいだ片方の親鳥は餌を探しに海に行く。この「出勤」は夜明け前から日没までというから、たいへんな重労働です。

　こうして育てられたヒナはふ化してたったの二か月で、なんと親鳥より五〇パーセントも大きくなる！　のです。ここで親鳥たちは、自分より大きくなったわが子を巣に残したまま家を出て行きます。自分で飛びたてないわが子を残して、いわば子捨てをするのです。

ふ化から約１か月後のオオミズナギドリのヒナ。

しかし親がいなくなってもヒナは、自分たちしかいないいわば「子供部屋だけの家」で、餌がなくても、体内にたっぷり蓄えた脂肪分によって勝手に成長していく。そして三週間ほどで親鳥たちのようにスリムな体になります。そこで子供たちは自分の力で助走して、空に舞いあがり島を出て行く。まさに自立するわけです。

このオオミズナギドリの巣こそ「子供部屋さえあればいい家」です。

親が出て行くのは、巣が狭すぎて自分より大きくなった子といっしょにいられなくなったからです。わが子を大人になるまでずっと面倒をみるわけではない。自立の手前で放りだす。「自立は自力」でというのが、オオミズナギドリの子育てのポイントです。

【写真提供／福山大学 海洋生物科学科 渡辺伸一】

家の役割が外部委託になり子育てが残った

人間もほんとうは同じなのかもしれません。

住まいの役割にはたとえば睡眠と食がありますが、そのどちらも現代では家の外ですませることも可能です。睡眠の場としてはホテル、旅館、カプセルホテル、ネットカフェがありますし、中には公園のベンチや電車の中でも熟睡する人もいます。もちろん食の場も、家の外に飲食店としてたくさんあります。料理は何も家でつくらずとも、コンビニやデリカショップがあります。つまり睡眠も食もかなり家の外に流出している。家の役割がアウトソーシング（外部委託）化しているのです。

しかし子育てだけは違います。住まいがなければまったく不可能なのです。たとえばホームレス状態で、子育てができるかどうかを想像してみてください。

もしかすると、「子育てのために家をつくる」というのも、オオミズナギドリが巣作りするように、人間の内面に組みこまれた本能的な行為なのかもしれません。

オオミズナギドリにならえば、人もペアになって出産前にまず家をつくり、子の成長期間中は夫婦が交代で子を育て、仕事をになう。子の自立が見えてきたら、親たちはさっさと家を出て二度ともどらず、つぎの家族づくりに精を出す。つまり家族の解散です。社会の仕組みによっては、そんな家族の形もありうるでしょう。太古の時代の人類には、オオミズナギドリ同様の家族運営が存在したかもしれませんし、これから何世紀か先の新しい家族はオオミズナギドリ化しているかもしれませんね。

突拍子のない話がつづくとお思いかもしれませんが、ここでいいたかったのは、家とは本来、子育てのためにあり、そのためには子供部屋がやはり必要だということなのです。

いい子供部屋が絶対に必要です

「子供部屋があればいい」という考え方をそのまま間取りにすると、大きな矛盾が生じます。なぜなら家全体が子供部屋というのは、子供部屋は「ない」ということに等しいからです。家には母親や父親がいて、さらにおばあちゃんやおじいちゃんもいるかもしれない。家が子供部屋だとすると、みんながいる部屋が子供部屋だということになり、それは「子供だけの部屋」ではなくなる。けっきょく家には「みんなの部屋」だけがあるということになります。

もっと分かりやすくいえば、親の部屋やおばあちゃんの部屋がなければ、子供部屋もないということ。つまり住まいには個室が必要であり、子供にもやはり専用の個室がいるということなのです。

だから「家には子供部屋があればいい」という主張は、子育て家族にとっては子供部屋が大事だ、という一つの心構えとして耳を傾ければいいのです。

この本は「子供部屋のある家」を前提にスタートします。

しかしそれは「子供には個室さえ与えればいい」という、かつて一般的だった単純でいささか乱暴な子育て観、住宅観とは異なります。実際に「個室さえ与えればいい」という考え方に、今では疑いをもつ人がたくさん出てきています。

なぜなら大きくなった子供が、個室にこもってしまうのではないか、それが自立をはばんでしまうのではないか、あるいは部屋に「籠城」し、いつまでも好き勝手に使ってしまうのではないかという不安が、現実化しているからです。

自立は子供部屋から始まる

子供部屋のあり方は、「自立」というテーマと密接につながっています。しかもそれは子供のときだけの問題ではない。子供の時分に過ごした自分の部屋は、大人になるときれいに忘れてしまい、無関係になってしまうものではないのです。

もっというと、子供部屋は生涯にわたって、その人格や心の深層に影響を与え続けるものです。何を食べてきたのか、あるいはどんな親子関係にあったかというのと同じで、人にとって重要な成長の要素が個室という空間です。

子供部屋は味もなければ、言葉も発しないので、ふだんそれを意識することはない。しかし、その人の深層にしっかり刻まれているのが家であり、自分が過ごした子供部屋なのです。オオミズナギドリが鳥なのに地面に横穴を掘るというかわった習性も、ヒナの時に過ごした巣の記憶が、その行動に深く影響しているからでしょう。

子供部屋には食物のように味や栄養はありませんが、風味のようなもの、その子がつくりあげた雰囲気が漂っています。それらは人の精神に一生影響を与え続けます。

子供部屋という閉じられた空間＝個室は、言葉で持ち主に何かを教えてくれたりはしません。しかし子供部屋という閉じられた空間だからこそ、子供は自己の内面をめぐる言葉を紡ぎだすことができます。個室という一人きりでいられる空間で人は自己に集中できるし、自己の成長は、彼や彼女の内面の言葉でこそ達成されます。

この本は子供部屋について考えることがテーマです。そしてどんな子供部屋が子の成長にはいいのかを探ろうというものです。

その前に、そもそも子供部屋は必要なのか、ということも偏見なく考えてみようと思います。

第一章

子供部屋は日本の不思議空間

日本の子供部屋は住まいの中で
特に重視される部屋です。
しかしその割には、どんな子供部屋がいいのか、
そのイメージすらあいまいで、
本当はみんな不安だらけなのです。
いま私たちは、日本の子供部屋を
しっかり意味づける、
定義する時期にきています。

特別視される子供部屋ってどうなの？

日本の住まいには、世界にない不思議な部屋があります。かねてから、つねに問題になる場所、不可解な空間。いうまでもなく、それは子供部屋のことです。

いったいあの部屋を、私たちはどうみればいいのか、どのように考えればいいのでしょうか。

たとえば、それを「子供のための部屋」といいきってしまうとどうなるでしょうか。子供といっても、現実には赤ん坊、幼児、思春期を迎えた中高生、さらに選挙権をもつ学生とさまざまです。

最近増えているのは、大人になった息子や娘が、あいかわらず子供部屋から出ていかず、そこから職場に通っているというケースです。大都市では、若者が自活しようにも住居費や生活費を一人で稼ぎ出すのはなかなかむずかしい。そこで親元を離れられないという事情もあります。

しかし、中には親元（子供部屋）があまりに居心地がいいために、自立しようという意志が腰くだけになっている場合も少なくありません。中には、そのまま引きこもってしまい、親がわが子の顔すら見られないというケースもあります。

そんな場合でも、やっぱりそこを子供部屋とよぶべきなのか。また、いいかげん自立する歳になっても、ぐずぐずと居続けるわが子を、あいかわらず「子供」とよんでいいものかどうか、悩ましいところです。

もしかすると、「子供部屋」という言葉そのものに問題があるのかもしれません。「大人の部屋」とか「親の部屋」という言い方はしませんが、なぜか「子供部屋」という言い方だけは一般的になっています。やはりわが子を大事に思うあまり、その空間を特別視するところから生まれた名称なのでしょうか。

しかしその特別視が、子供部屋を住まいの中で特権的な部屋、親も入ることができないような空間へとつながっているならば、やはりあらためる必要があります。

さらに子供が特権的な居場所を住まいの中にもつことで「自立できない」「引きこもってしまう」ことにでもなれば、大きな問題です。

貧しい夫婦の寝室とりっぱな子供部屋

欧米では一般的に、子供の寝室が家の中で特権化することはめったにありません。夫婦の寝室と子供の寝室では、広さにずいぶん違いがあります。夫婦が使う部屋は子供の部屋よりずっと広く、そこに専用のバスルームが併設される場合もあります。

大きな寝室は親、小さいほうは子供用と、はっきりとした区別があり、空間的にみて上下関係が明確なのです。

だからでしょうか、欧米では家を買う、建てるときに、子供の個室にことさら悩むということはありません。まずはリビングや夫婦の個室、そしてキッチン、ダイニング、バスルーム、子供たちの個室という優先順位が一般的で、子供部屋はやはり最後という場合が多いようです。

日本では、子供部屋の優先順位はとても高い。それを象徴的にあらわしているのが、部屋の広さです。たとえば子供部屋は八畳、夫婦の部屋も同じく八畳という家も少なくありません。しかし子供が一人で八畳を占有し、大人は二人で子供と同じ八畳しかないというのは、どう考えてもおかしい。

反対に、子供部屋が六畳で夫婦の寝室が一二畳という例は少ない。住宅メーカーの調査などによると、たいてい子供部屋が六畳の場合は夫婦の部屋は八畳、子供部屋が四畳半の場合は六畳と、わずかばかり親の部屋が広いだけでした。

なぜ子供部屋が「広さ」において優遇されるのでしょうか。それは日本の住宅が狭いからだ、という意見があります。わが子に広さが十分な個室を与えると、どうしても親の部屋は狭くなる、というのです。

子供部屋のほうが夫婦の寝室より優先されるという実態が、広さという点で如実に反映されているわけです。

個室の広さは引き算で決まる

わが子の個室を「子供部屋」とよぶのは日本だけです。広い世界の隅々まで調べたわけではありませんが、少なくとも高校生になった息子に与えている個室を、子供部屋とよぶ習慣は欧米にはありません。親の部屋も子供の部屋もベッドルームです。

日本では子供「部屋」という呼び方と対にして、夫婦の「寝室」という呼び方をします。これもよくよく考えるとヘンです。子供の個室は「部屋」で、夫婦の個室は「寝室」と分けてよぶのです。子供部屋というなら夫婦部屋、あるいは親部屋というべきですが、もちろんそんな言い方は、少なくとも私は耳にしたことがありません。

これはただ呼び名が違うだけ、たまたまそうなっているということだけでしょうか。違います。呼称の違いは家庭のあり方、暮らし方、家族観の違いを反映したものです。

現代のように共働きの夫婦が主流になってくると、夫婦の個室は寝室としての機能で十分、ベッドが入るスペースがあればいい、と極端に考えてしまう人もいます。

実際多くの場合、父親が自宅に滞留する時間はきわめて少ないのが現実。大人二人が過ごす個室といっても、実は寝室としてしか使われていないケースが多いのです。しかも成人の睡眠時間は、どんどん短くなっていて、二〇一五年には平均睡眠時間が六時間未満（厚生労働省調べ）という短い人が、全体の四割をこえるまでになりました。寝室として部屋を使う時間そのものが減っているのです。だから夫婦の寝室なんて狭くたってかまわない、という意識が出てくるのも無理からぬところがあります。夫婦の寝室が狭いという背景には、家族観だけでなく、働き方などの問題も潜んでいるということが分かります。

個室それぞれの面積は、あらかじめ決められた家全体の面積の配分で決まります。各部屋の面積を足していって、家の面積が決まるというのが理想かもしれませんが、現実は全体からの引き算で、個室の面積が決まります。だから優先順位が重要なのです。

全体からリビングや子供部屋の必要面積を引き、最後に残った隙間に夫婦の寝室を置く。これはいいすぎのようですが、案外、実態をあらわしているといえるかもしれません。

マイホーム神話と広い子供部屋

一方で子供は、自室を勉強するため、ぐっすりと眠るためだけでなく、他にも、読書や玩具や趣味の遊びに使ったり、音楽鑑賞、テレビ視聴、あるいは最近ではスマホでのＳＮＳ（ソーシャル・ネットワーキング・サービス）、ゲームをしたり、たまに友達を招いたりと、さまざまな用途に使用することが考えられます。親よりもずっと部屋で過ごす時間が長い、だから広くてりっぱな部屋を、となるのでしょう。

子供部屋が広くなる背景は、これから先、子供が大人になり自立するまで存分に空間を使いきってくれるだろうという「予測」があります。その予測には親の願望が反映されています。しかし先のことは誰にも分かりません。そこがつらいところです。

この子供への願望が子育てを最優先する家族観となりますが、反面、夫婦の二人の家庭生活はいささか冷遇されるきらいがあります。

ことに昭和の時代までは、そうした家族観がとても強かったと思われます。息子、娘が成人するまでは何より子供優先でいくという姿勢が強かった。男は外で仕事に精を出し家族を経済的に支え、女は家庭を切り盛りしながら子育てをになう。企業戦士の父と専業主婦の母、子供二人に、マイカー一台、芝生のある小さい庭。これが典型的なマイホームの理想的な姿でした。

そこではりっぱな子供部屋をわが子に与えることが、具体的で分かりやすい住宅設計の基本になりました。自分たちは狭く窮屈な部屋でガマンしながら過ごしていても、子供だけはゆったりとした空間で勉強に精を出してもらいたいというわけです。

大きく変化した家族イメージ

しかしここ二〇年で、私たちの家族観、そして社会環境がずいぶんと変わりました。

まず子供たちの「引きこもり」が社会問題として大きく取りあげられるようになり、今ではさして珍しい現象ではなくなりました。部屋に引きこもり、パソコンなどでネットゲームに興じる、「ネット依存」の若者たちのことも報じられています。

また自室に入ったきり、食卓やリビングにはほとんど顔を見せない子もいる。親子のすれ違い、コミュニケーション不足が嘆かれるようにもなりました。

こうなると居心地のいいりっぱな子供部屋を与えることを、手放しで肯定していいものだろうか。こんな不安を少なからず抱えている親御さんもいます。

一方、現在の子育て家族には、かつてのように「男は企業戦士で家庭を顧みず、女は専業主婦で家事から子育てまでいっさいをになう」というような現実は少なくなりました。夫婦は共働きで、なるべく家事も子育ても分担し、二人で助け合っていくというのが理想的なイメージになっています。

さらにいくら子育て中だからといって、親の全時間、全エネルギーを子育てにむける生き方に、一個人の人生として疑問を感じる人も出てきました。夫婦の時間をもち、またそれぞれが個人の時間をもつ、ゆとりある暮らしを良しとする考え方も少しずつ広がっています。

シンプルライフで子育ては可能？

「断捨離」という言葉をしばしば耳にするようになったのは、かれこれ一〇年も前のことです。その前にも『「捨てる！」技術』という本がベストセラーになりました。今では不用なモノを捨てる、買わない、持たないというシンプルな暮らしを目指す層が若者を中心に定着しつつあります。

最近ではそうした同じ志向性をもつペアが新しい暮らしを始め、子育てをするということも出てきているときます。

この傾向を、日本の住宅環境からひもとくとこうなります。

これまで住まいの大問題は実は「収納」だったのです。ありあまるモノをどのように整理して収納するのか。そこで広いクロゼットや納戸をもつ住まいが多くつくられるようになりました。

ハウスメーカーの中には、天井までの高さは低いけれど、面積は十分個室として通用するほどある「収納スペース」をもつ住宅を売りだしたところもあります。しかしそれでも増え続けるモノは収まりきれない。

そんな中で広まりつつあるのが、モノにとらわれないシンプルな生き方でした。必要なものを最小限だけ揃えて、不用なものはどんどん処分するという暮らし方です。しかしここにも問題があります。

一人暮らし、あるいは同じ志向性をもつペアならば、モノが最小限しかないシンプルライフも可能なのですが、それが子育て家族となると、非常にむずかしくなります。

日本の住まいは子供が小さいころは、家全体が子供部屋化します。リビングもダイニングも子供部屋も、ときには夫婦の寝室も子供の領域となり、彼らのモノや痕跡がいたるところにあふれている、ということになる場合が多い。

こうなると、すっきりと片づいた住まいを目指すシンプルライフも行きづまってきます。シンプルな暮らし方を実現する住まいにとって、子供部屋はどう設計されるのか、あるいはどう使われるのか。子育ての「思想」まで変えなければ、徹底したシンプルライフは実現されません。そして、そんな家庭に育った子供がどんな成長を遂げるのか、どんな価値観を育んでいくのかも不明です。

この本で子供部屋の意味を見つけたい

このように家族をとりまく社会状況と、私たちの家族観が大きく変化しつつあるにもかかわらず、それにみあった新しい子供部屋のカタチ、あり方がみえてこない。ここに今、私たちが直面している「子供部屋問題」のすべてがあるといってもいいでしょう。

ここでもう一度、ポイントを整理してみましょう。

第一は日本の住まいの中だけが、なぜか「子供部屋」を特別視しているということ。

第二はりっぱな子供部屋が子供の自立をはばんでいるのではないか、という疑問。

第三は親子のコミュニケーションが不足していると感じる親が多い中で、子供部屋はどうあるべきか、答えが見つかっていないということ。

第四は子育て中の親の側にも、夫婦の時間、個人の時間を大事にしたいという感覚が生まれていること。

第五はモノにこだわらないシンプルな暮らし方を志向する人々が出てきていて、その際に子育てと子供部屋はどうなるか?

これらの事柄がいっしょくたになって、現代の子供部屋をめぐる漠然とした不安がある。自信をもってわが家の子供部屋はこうだ! という自信を示せないのではないかと考えます。

そうした中で、巷には「成績が上がる子供部屋」とか「家族が幸せになる家」とか、一瞬、飛びつきたくなるような本や雑誌の記事があふれています。

しかし少し冷静になって考えてみてください。子供といっても、それぞれが別々の個性と人格をもち、その一人ひとりが複雑でつかみがたい存在です。にもかかわらず、子供部屋の数例のカタチにあてはめるだけで「良い子になる」とか、家の間取りを「こうするだけで幸せな家族が生まれる」というのは、やはりどう考えても無理があります。

そこでこの本では、まず何より子供部屋にたいする「考え方」をはっきりりする必要があると考えました。

それを明快に語ることができるのであれば、具体的にその子供、家族にあった子供部屋をつくることができる。子供部屋はどんなふうにつくられるのがいいのかは、その「考え方」、おおげさにいえば思想が土台になります。考え方もなにもなくて、提示されたモデルに飛びついても意味がないと、考えます。

この本では、一つひとつの問題を整理しながら、これからの子供部屋を意味づけていこうと思います。

それは新しい子供部屋の「定義」を見つけることでもあります。

第二章

新しい子供部屋が生まれている

この章ではさまざまな試みがなされている
子供部屋の新しいスタイルについて見ていきながら、
その背景を探ります。
新しい子供部屋を簡単に要約すると、
密室ではなく家の中へ
「開かれた子供の空間」ということになります。
では実際に
どんなものがあるのでしょう。

風が抜けるような開放感

まず私は、日本の住宅における、もっとも新しい子供部屋について調べてみることにしました。

いま一番新しい子供部屋とは、いったいどんなものなのでしょうか。

二〇〇七年にキッズデザイン博覧会が開かれました。そこで選定されたのがキッズデザイン賞でした。政府がバックアップする顕彰制度で、子供の成長や暮らしにとって価値がある商品やサービスを選ぶものです。グッドデザイン賞のようなものと考えればいいでしょう。その中の「建築・空間デザイン部門」では、建築設計会社やハウスメーカーが出品した作品が選ばれました。

そのうちの一つに「ジニアス・リンケージ・ウィズ・キッズ」があります。それはどんな住まいなのか、子供部屋はどうなっているのか気になります。

この住まいを企画、設計したミサワホームの白浜一志さんに話をききました。

「夫婦共働きが一般的になって、子供とふれあう時間が少なくなった。そこで住まいの中で親子のコミュニケーションを濃密にするためにはどうするか、という課題にたいする回答がこの家です」

たしかにその通りですね。

親子のふれあい、コミュニケーションが時間的にもっとも必要な時期というと幼児から小学校の低学年くらいまででしょうか。その年頃の子供をもつ母親も、最近では外に働きに出るのがあたりまえになっています。さらに父親も三十代から四十代で働き盛りです。だから、両親ともに子供とのコミュニケーションをはかるのに苦労しています。

取材に対応してくれた広報担当（三十代の男性）も、平日は一歳と六歳のわが子の寝顔しか見られないといいます。

こうした現状をとらえてこの住宅は、壁をなるべく取りはらい、できるだけわが子に視線が届くようにするとともに、なるべく家族がまじわることができるような設計になっています。

その特徴をひと言で表現すると「開放性」ということでしょうか。どの部屋にいても、自然と気持ちが家全体に広がっていくような感じです。

かつての住宅は気密性、遮音性が大きなテーマでしたが、ここではむしろ、部屋に入っていても家族の気配が感じられるようにしようというわけです。まずリビング、ダイニング、キッチンの壁がありません。全体が一つの空間になっています。

吹き抜けの階段が二階の個室とリビングを気配でつなげることを可能に。

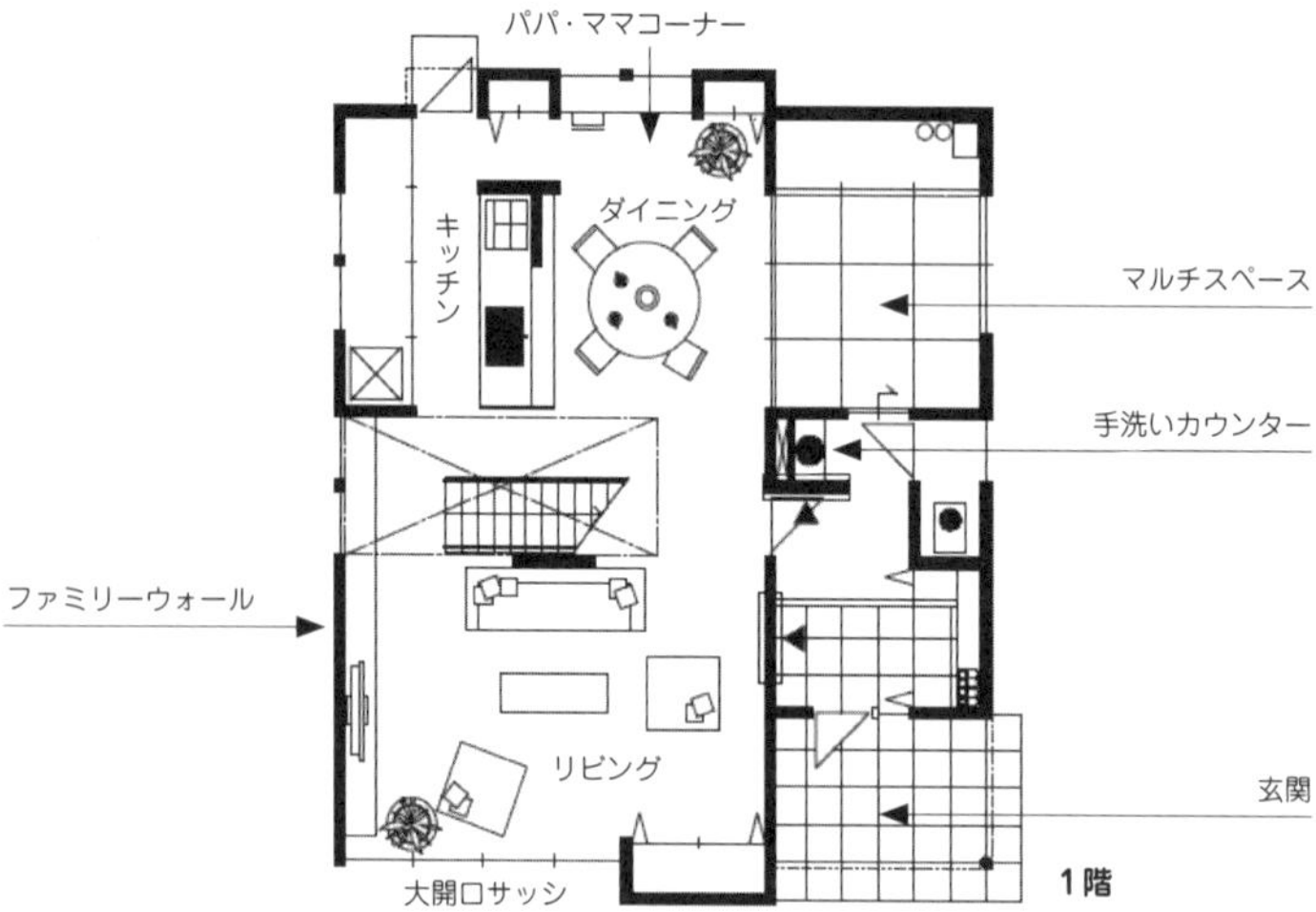

【写真・図版提供／ミサワホーム】

［左上］二階から階段を見下ろすとここが室内であることを忘れるほど視界が広がる。［右上］時には子供の空間と大人の空間が視覚的に融合。［右下］クロゼットの扉を開けると行き来もできる。

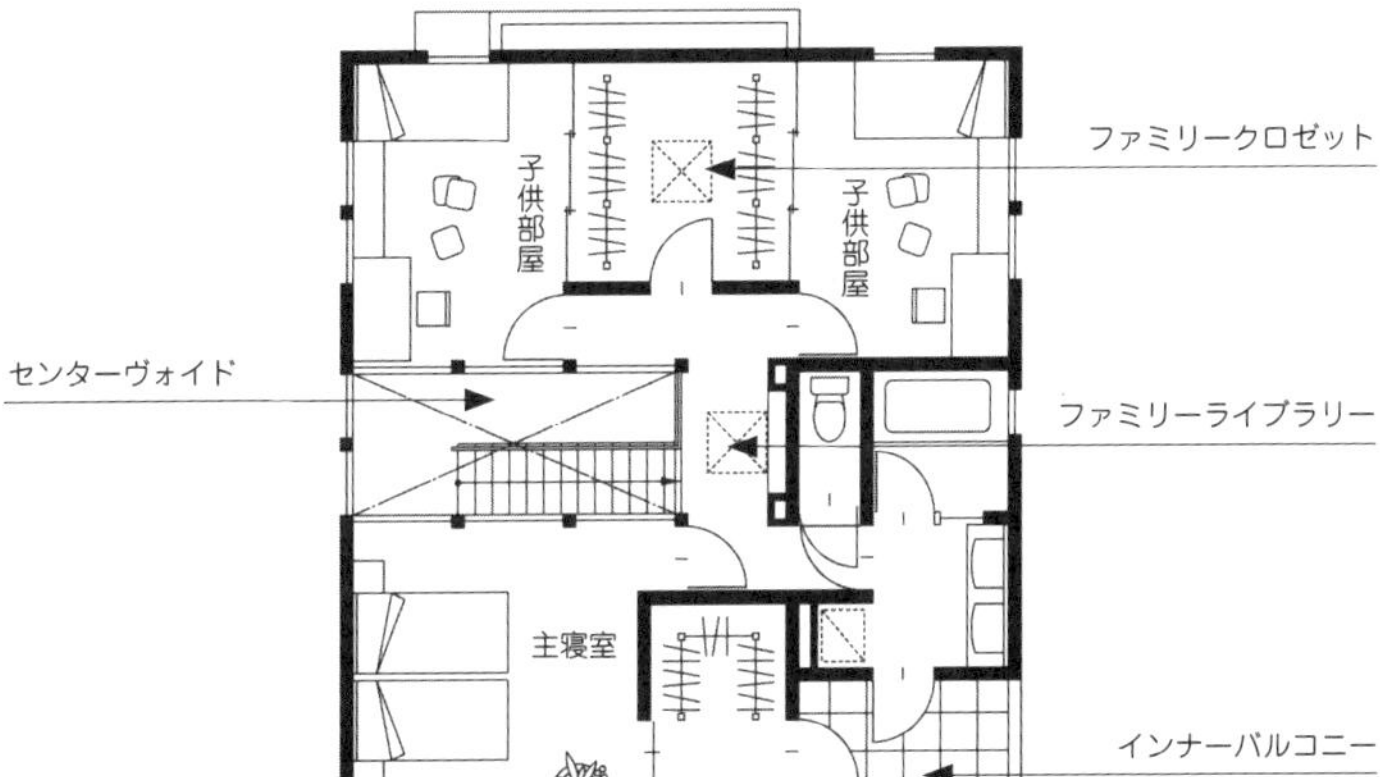

たとえばキッチンで家事をするお母さんと、ダイニングテーブルで宿題をする子供と、リビングでパソコンを開いているお父さんが目の前の家事や課題に取り組みながらも、それぞれの気配を音と視界で感じとることができる。

空気を共有しているといってもいいでしょうか。空間的な広がりの中に家族の一体感を感じてほしいということでしょう。

空間量という言葉を覚えておこう

この住宅を紹介するパンフレットの表紙は、ラジコンのヘリコプターを室内で飛ばせて遊ぶ家族の写真が使われています。ヘリコプターが浮かんでいるのはリビングの吹き抜けのところ。それを子供たちが階段から見あげています。リビングと二階をつなぐ階段が吹き抜けの場所に設けられているのです。

吹き抜けがあると、縦、横、高さの、いわば「空間量」ががぜん多くなる。この写真はそれを分かりやすく表現したものです。

空間量というのは、とっさに思いついた言葉ですが、平面的な間取り図では実感できない立体的な大きさをいいあらわす言葉です。私たちが住まいの広さというとき、たいていは「○○平米」とか「○畳」という面積でいいあらわしますが、私はこれが間違いとまではいいませんが、あきらかに舌足らずで、実感を表現していないのではないか、と思えます。

　最近では日本の住宅もだいぶ広くなって、ヨーロッパの都市部の住宅と比べると、それほど違いはないといいます。しかしこれはあくまで面積です。実際に比べてみると、広さの「実感値」が違う。理由は高さにあります。同じ二〇平米でも、低い天井の空間と高い天井の空間では、広がり感がまったく異なる。天井の低い十畳の個室と吹き抜けのある八畳では、後者のほうが広く感じたりもする。

　以前、パリのアパルトマン（集合住宅）の中にある一軒の住まいを訪ねたときのことです。パリでは高級な部類に入る住宅の一つだったのですが、そこは螺旋状の階段しかなく五階まであがるのに一苦労でした。

　その夜は、作家や出版関係者が一五人ほど集まる気軽なホームパーティーが開かれました。主催する家族は子供二人と日本人の妻、フランス人の夫という構成です。

　玄関から中に迎え入れられると、さっそく夫妻に挨拶をして、小学校の中学年、低学年の子供たちを紹介されました。子供たちはすぐにそれぞれ自室に引っこんで、それっきり最後まで顔をださず、その気配すら感じられませんでした。大人の時間、空間と子供の時間、空間がはっきりと区別されているのは、さすがにヨーロッパらしいと思いました。

パーティーはリビングルームで始まりました。一五人ほどの大人が集まり話に花を咲かせたわけですが、さすがに海外の住宅はゆったりとして窮屈感がなく、のびのびと話ができます。靴を履いたままリビングにいるというのも、やはりヨーロッパの住まいです。

ある女性はヒールが七センチほどのブーツを履いています。彼女が立ち上がったその姿を追いながら上を見たとき、私ははたと気づきました。

このゆったり感はひとえに天井の高さがもたらしたものだったのです。リビングの広さは日本でいうと一二畳ほどでしょうか。そこに一五人ほどの大人が集い、しかも靴を履いている。にもかかわらず広く感じるのは、天井までの高さが三メートル以上もあるからなのでした。

実際にヒールの高い靴を履いて、今お住まいの部屋を歩いてみてください。きっと少し狭く感じるはずです。

やはり空間量は重要です。面積というスペックだけでは、人が感じる空間の広さは分からないのです。これはリビングだけでなくすべての部屋、もちろん子供部屋にもいえることです。

面積というスペックは家具を置くときには目安になるが、人間の感覚や印象にとってはあてにならない。なぜ住宅の間取り図に、たとえば冷蔵庫の庫内の広さをあらわすような容積も、面積にあわせて表記しないのか、私にとっては不思議です。できればそれに加えて窓の面積の表示もほしいところです。

大黒柱が吹き抜けにかわった

私はかつて、玄関ロビーの天井を取り払い二階までつなげた住宅を見学したことがあります。豪華で大きな家でした。それまでの一般住宅にはない、重厚でいて開放感のある玄関口に圧倒される思いでした。

しかし同時に、冷暖房が大変だろうなと思ったのも事実です。家に吹き抜けをつくると、そこを冷したり暖めたりするのは大変です。なにしろ高さがありますから。

玄関ロビーではなく、リビングを吹き抜けにして、そこに階段をつくっても事情は同じです。二階と一階の空気は天井で遮断されることはないのですから。

それでもたとえば、リビングに吹き抜け部分を設けるという設計は、気密性や部屋ごとの遮音性を多少犠牲にしても、空間の開放性を確保して、子供の気配が感じられる家にしたいという作り手の意識が強いからでしょう。

「ジニアス・リンケージ・ウィズ・キッズ」を、参考までにもう少し見ていきましょう。

リビングの階段を上ると、右手に夫婦の主寝室、左手に子供部屋があります。通常、住宅の階段は壁と壁の隙間をのぼるような窮屈な感じがどうしてもありますが、ここにはそんな圧迫感はありません。

というのも、階段を迎え入れる二階部分の部屋がガラス張りになっているからです。夫婦の寝室と子供部屋のガラス張り部分のカーテンをあければ視覚が広がり、昼間なら二階の窓から差しこむ明かりで、全体が陽気にあふれた空間になります。

こうして一階と二階の空気が分断されない、全体に見通しのきいた家が生まれるわけです。

この吹き抜けの位置は、間取り図によるとちょうど家の中心になります。かつて家の中心には大黒柱がありました。このプレハブ住宅の中心は吹き抜けです。建築構造上、大黒柱がいらなくなったのですが、柱ではなく吹き抜けが家の中心にくるというのは、なんだかとても象徴的な気がします。

つまり現代の家族が求めているのは、大黒柱で支える住まいの堅固さではなく、内部の壁をなるべくへらした、家族の一体感を保てる開放感のある家なのかもしれません。

子供は見えない導線に導かれている

これまでの住宅では冷暖房の効率の面もあり、二階へつづく階段は廊下や玄関の脇に併設するものが一般的でした。一方で、リビングに階段を設けるという設計も少しずつ増えてきているようです。

階段をリビングにつくると、空間的に広がりが出るということ以外に、もう一つ大きな利点が生まれます。それが親子の距離感です。正確にはリビング・ダイニングと子供部屋との距離感です。

これを「導線」という言葉で見てみましょう。

最近では、しばしば「導線（動線）」という言葉を使うようになりました。住宅内の導線とは、家族それぞれをリードする見えない道しるべのようなものと考えてください。

たとえば夜、子供が塾から帰ってくるとします。まず子供が二階の自室に行く。そのさい階段が玄関脇にあると、そのまま階段を上がって子供部屋に行くことになります。わざわざリビングを経由して遠回りして行くより、そのほうがずっと早いのだからあたりまえです。この場合、導線は玄関から階段、そして子供部屋というぐあいになります。

しかしリビングに階段があるとどうでしょう。当然、子供は自室に入るためにはリビングを通らなければならない。この導線では、たとえばリビングに家族のだれかがいると、顔を合わせることになる。またキッチン・ダイニング・リビング一体型の間取りだと、キッチンで炊事中の母親と声を交わすかもしれない。

このパターンでは家族とふれあう可能性が出てきますが、階段が玄関脇にあるような設計では、最初から子供がリビングなりに顔をだすつもりがないと、その可能性はほとんどなくなります。

家の間取りは家の導線を生みだします。それによって家族が顔を合わせる機会も変わってくるし、コミュニケーションする長さも違ってくる可能性があります。

そもそも住宅設計では、暗黙のうちに導線が合理的に引かれるようになっています。キッチンとダイニングが隣接する、あるいは一体となるというのは、そのほうが炊事に便利だからです。また家族が狭い家の中で、なるべくぶつからずスムーズに行き来できるように配慮されたりしました。

しかし最近の住宅は、移動の合理性だけで導線を設計したり、遮音性、冷暖房の効率だけで間取りを考えているわけではありません。

たとえば階段をリビングに設けるというのは、リビングを家の中心にして、そこで家族が出会うようにするためです。リビングに空間的な求心力を発揮させようという目論見もあるわけです。

かつて「お茶の間のテレビの前のみなさん」というフレーズがあたりまえだったころがありました。そのころは居間兼食堂のお茶の間に、テレビが一台あって、夕方から夜はたいていの家族がそこで顔を合わせて過ごしたものです。

しかし今ではそんな茶の間の光景は姿を消しました。テレビもかつてのような求心力はない。子供たちが先を争ってチャンネルを奪い合うということもなく、それぞれが別々に過ごすようになりました。子供は塾に行っていたり、自室でゲームをしたり、母親は炊事のあとの短い時間をスマホを片手に過ごす。父親はまだ会社。そんな暮らしの風景が日常化しています。

だからこそ、せめて家族がリビングで「出会う」瞬間をつくるような間取りが必要とされているのでしょう。現在では、導線のテーマは合理性、効率性からコミュニケーションへと移っています。

この本は子供部屋をテーマにしています。子供部屋の位置もこの導線ということを考慮して配置しなくてはなりません。子供部屋がどうあるべきかということと同時に、子供部屋はどこにあるのかということも大切なのです。

導線一つで、親子の距離感が変わってくるということも十分にあることを覚えていてください。

家族の図書館、実現はむずかしいぞ

これまで住まいを空間量と開放性ということ、そして導線ということ、この二つでみてきましたが、さらにこの住まいには、ぜひふれたいおもしろい仕掛けがありました。

その一つは階段を上りきった二階の踊り場に「ファミリー・ライブラリー」と称する本棚を設けたことです。ここを小さいながら家族共同の図書スペースにすることで、本を通して親子の結びつきを深めようというわけです。

たしかにこの本棚に父親、母親の本、子供の本がならぶという光景を想像するだけで、楽しくなります。もしもそれが実現したら、それらの本を手がかりに、あらたなコミュニケーションが可能になり、ちょっとした知的な家族風景が生まれるでしょう。

しかし、残念ながら事はそう簡単には進まないと思います。実際にここを家族の図書スペースとして、まじわりの場として機能させるには、かなりハードルが高いと、私は感じました。

まず何より親自身の読書に対する欲求がどこまであるのかということです。三十代、四十代の男女の読書率は驚くほど低下しています。毎月、本を買って読むという人は圧倒的な少数派で、彼らは知識や情報を本や雑誌ではなく、スマホやパソコンで得るようになってきています。

たとえ本好きの親でも、平日は読書する時間などないという場合が多いと思います。いや、それでも子供の教育のため、家族のコミュニケーションのためと、家づくりを契機に熱心な読書家に変身してみせるぞ、と意気ごむ人がいるかもしれません。

しかしそれはなかなかむずかしいと思います。なぜなら本を読む人、読書家には努力してもなれない。なれるのはもともと本好きの人だけなのです。親が本好きでなければ、子供も本に興味をもたないものです。

ただし親が読書家であり、休日に本を読むという習慣をもっている人なら、この図書スペースはとてもいい場所として発展するでしょう。単に絵本のお片づけの習慣をわが子につけさせる、という以上の働きをするはずです。要はこうした親子のコミュニケーション「装置」も、住む人しだいなのです。

家族が出会う魔法のクロゼット

実は私がこの本棚以上に興味をもったのは、ユニークなクロゼットでした。それは収納スペースであると同時に、家族の「場」ともなる、画期的で実際に役立つはずの「装置」です。

この住まいには二つの子供部屋がありますが、その仕切壁を広げて四畳半ほどのクロゼットにしてしまったのです。

私はなるほどと感心しました。

このウォーク・イン・クロゼットには、両方の子供部屋に設けられた扉から別々に入ることができます。だからその両方の扉を開けると、クロゼットを通って子供たちが行き来することも可能です。さらにもう一つ廊下から直接クロゼットに入ることができる扉もあります。これを使うと、子供部屋を経由することなく親も、自分たちの衣類の出し入れができるというわけです。つまりこれは三つの扉をもった家族共用のファミリークロゼットというわけです。

本棚という「意識的に」使わなければならない仕掛けと違って、クロゼットは「日常的に」使う必要不可欠のものです。自然に親子がそこに集まってくるでしょうし、顔を合わせることもある。

この取材で話をきいたインテリアコーディネーターであるOさんは自分の住まいにも、このファミリークロゼットを設けて使っているそうです。

「洗濯物を一度にしまうことができる。これは案外おおきなメリットです。しかしファミリークロゼットのほんとうにいいところは、もっと別にあります」

たとえば子供の衣類の棚が乱雑になっていると、親にすぐに分かるということがあります。

ふつうの子供部屋では、クロゼットの中まで見ることはなかなかできません。しかしこのファミリークロゼットだと、それが毎日のように可能となります。

「急に服装が派手になったというような子供の変化も把握できます」

また、オシャレに興味が出てきた娘が、クロゼットで、父親のネクタイを選ぶなどということもあるそうです。

こうなると、クロゼットというただの収納スペースが、まるでリビングと同じような共有スペース、家族の出会いの場に変わったということもできます。

子供にはテレビより好きな遊びがある

おもしろい話を耳にしました。

自宅のリビングに定点カメラを設置して、わが子の行動を分析している父親がいるというのです。もちろん、子供の監視のためにやっているのではありません。住宅内での子供の行動を通して、将来の子供部屋と住宅づくりを考えるための調査研究です。もう少し具体的にいうと、家具などの配置と子供の行動の関連性をあきらかにするのが目的だとか。

私はさっそく、未来の住宅について研究しているTさんにお会いしました。

このふうがわりな調査は、子供の実像を知る上でたいへんおもしろいものでした。実際に私たちは、子供たちが自宅でいったい何に興味を示し、どんな風に過ごしているか、時間をかけて観察することなどはありません。ところが、この定点カメラがあると、思わぬことが分かったのです。

子供たちは三歳から五歳までの男女三人です。Tさんはリビング・ダイニングの一角に三畳ばかりの小上がりと作業台を増設し、そこを彼らのテリトリーとしました。階段とキッチン台に囲まれた狭い場所にすぎませんが、子供たちにとっては一番大切なところとなりました。

彼らがそれぞれどう動いたかをパソコンで記録し解析すると、非常に興味深い事実が浮かび上がってきました。

小上がりをつくる前は、全員がほとんどテレビの前で過ごしていました。ところが小上がりができると、小上がりと離れた場所にあるテレビの前はさして人気がなくなりました。かわりに子供たちはダイニングテーブル、小上がりと作業台を回遊するようによく動き回るようになったのです。

以前は、それぞれの場所への滞留時間もテレビ前が圧倒的に多かったのが、以降は小上がり、作業台に集中するようになりました。つまり、子供の領分として小上がりをつくったことで、彼らがより活発に動くようになるとともに、テレビよりも玩具遊びに熱中するようになったことが分かります。

これはどういうことを意味しているのでしょうか。

私の第一の感想はこうです。子供たちはけっしてテレビの虜になっているわけではないということです。もし玩具と彼らの領域が与えられれば、十分に能動的に自立して行動できる。遊びを彼らなりに想像していく力があるということです。

このことは子供が小さいうちからでも、やり方によっては子供部屋に入って、そこ

階段手前の「小上がり」が子供たちをテレビから解放して活動的にする。

に玩具を使って独自の世界をつくりあげることができるということを意味しています。

よく子供は基地遊びなどと称して、自分の領域を家の中や庭などに勝手につくりあげて、そこで熱心に遊ぶということがあります。

もちろん具体的に場所を構築するということはできません。せいぜい小さな日用品、ティシュペーパーの箱などを集めて仕切にするくらいです。そこに玩具を運び入れて、親にはうかがい知れない独自の物語をつくりあげて遊ぶ。そういうことがあります。

であれば、その物語を構築する場、子供の創造の世界が子供部屋という個室でできることも十分に考えられます。

幼児期の子供にとっても個室が創造の空間

になる可能性があるのです。

子供は世界を見下ろすのが好き

さて、この調査には、もう一つ興味深い指摘がありました。それは子供たちの視線の高さです。

子供が小上がりに立つと、キッチン台をはさんでちょうどお母さんと対面する恰好になります。視線の高さが上がり、お母さんとほぼ同じくらいになる。しかも調理している手元もよく見えるようになります。

そうすると子供たちは、料理しているお母さんにちょくちょく話しかけるようになりました。

「きょうはどんなご飯？」といった調子で母親との会話が増えました。小上がりがないときは、調理している母親の背後に突然まわりこんできて、手元をのぞき込もうとするので危なかったが、それもなくなりました」とTさんはいいます。

子供は好奇心旺盛でなんでも見たがるものです。

「子供というのはすぐに椅子の上に立ったりして叱られる。大人より低い視線を無意識に補正しようとしているんですね」

小さい子供は視線が低い。あたりまえのことですが、大人はついそれを忘れてしまいます。住まいの中の子供の領域、そして子供部屋にも、子供なりの視線の高低を考慮する必要があるのかもしれません。

以前、リビングから階段で上る小さなロフトをつくった人の話をきいたことがあります。リビングは吹き抜けになっていて、ロフトはリビングの三分の一ほどの広さ。ロフトの壁には、子供が入って落ちないほどの小さな円い穴をいくつかつくったそうです。

そうすると子供たちは、ロフトに入るとその丸い穴をのぞき窓にして、いつもリビングを見おろしていたといいます。

子供は高いところが好き。それは自分の視界が下に広がるということが、うれしいからです。いつも見あげてばかりいる大人を、たまに上から見下ろすのが好きなのかもしれません。そんな彼らの好みに合う、リビングなどを見下ろせるような仕掛けのある子供部屋なんて、夢があっていいかもしれません。

私たちは子供を目の届くところに置くということには気をつかいますが、同時に子供も親を見ている、家の中を見ているのです。そんな子供の視線を家づくりにも生かす必要があるかもしれません。

リビングに勉強机を置くという試み

「住まいの中の君の居場所はどこか?」と問われて「自分の部屋」と、自覚的に答えられるのは、五、六歳になってからでしょうか。

しかしその時期をすぎても、実際には自室をもっている子でさえ、宿題はダイニングテーブルやリビングでやるという場合が、とても多いとききます。玩具やゲーム機で遊ぶのもリビングで、けっきょく自室に入るのは眠るときだけ。こんな子が少なくありません。

その理由の一つは子供も親も、家にいる時間がどんどんへっていることにあります。今、共働きの世帯は専業主婦世帯のほぼ二倍にあたる約一一〇〇万世帯で、これからも増加するとみられています。しかも労働時間はいっこうにへらず長いまま。親が家にいない時間が長くなるにつれて、子供もやはり家にいない時間が増えていきました。起きている時間のうちの大半を、自宅ではなく保育園などで過ごす子も多い。こんな状況ですから、親子のふれあう時間そのものが少ないのです。

こうしたなかで、親子のコミュニケーション、ふれあいの機会を空間的にどうにか捻出しようという働きかけが、ハウスメーカーから出ています。

たとえば三井ホームは「学寝分離」、ミサワホームは「寝学分離」をテーマにした住まいを広めようとしています。

「寝」というのは睡眠の場所、「学」というのは遊びを含む学びの場所のことです。これを分離するというのはどういうことでしょうか。

「家族のコミュニケーションを高めるために、子供室はあくまで〝寝る部屋〟と位置づけ、〝学ぶ部屋〟〝くつろげる場所〟を共有空間などの別の場所に設けるという考え方」（三井ホーム・シュシュ）

これまでの子供部屋はしっかり集中して勉強ができる空間、ゆっくりと安眠できる空間、また読書や音楽鑑賞といった個人の趣味や息抜きをする空間として考えられていました。いわばそこは子供にとってのオールマイティな場所でした。

しかし、それでは親と子供がふれあう時間がなくなる。そこで、子供部屋がほんらい発揮すべき役割を、家の中の他の場所にもつくって、そこをコミュニケーションの場としても活用しようというわけです。

小学校の中学年くらいまでは、学校の宿題をダイニングテーブルでやるという子供が少なくないということは前に紹介しました。だったらいっそ、デスクをリビングに置いて、そこで勉強すればいいというわけです。

家族みんなの書斎ってどうでしょうか

子供の成長する時期にあわせて、リビングのような共有空間を少しずつ変化させることを試みるケースもあります。そうすることで、同じ部屋で家族が過ごす時間を確保しやすいようにしようというわけです。

たとえば○歳から一歳まではリビングに滑り台とトンネルが組み合わさった木製の特製遊具を置いて、そこを「プレイサイト」としてわが子を遊ばせる。

二歳から六歳になると、こんどはキッチン台の向かいあわせに子供のデスクを置く。そこでたとえば子供がお絵かきをしているときに、お母さんが料理をつくっている。こんなイメージです。

こうして年代があがるにつれて、デスクは大きくりっぱになっていきますが、それが置かれている場所は子供部屋ではなく、リビングなどの共有空間です。

そして最終的な共有空間はつぎのようになります。

「親子で学びを育むおうち」（ミサワホーム）というパンフレットに一枚の写真が掲載されています。そこにはモデルハウスを訪れて、家族共有の書斎の使い心地を試した実際の家族が写っています。

遊びが一番大切な時期の幼児を想定した遊具で滑り台にもトンネルにもなる。

白い壁に大きな窓がある部屋に机が三つ置かれています。横並びに置かれた二つの机についているのは、小学生の姉妹でしょうか。目の前の本に目を落として熱心に勉強している。姉妹から少しはなれた位置には色違いの机があり、そこではお父さんと思われる男性が雑誌を開いている。

妙に片づいた机まわりに、上着を着たままの親子と、撮影のためにポーズをつくったかしこまった雰囲気がいささか浮いてみえますが、それでもここには家族共同の書斎をもつ理想が表現されていて、やはり私などは目がとまってしまいます。

成長とともに間取りが変わる子供部屋

なるべく家族がいっしょにいる時間を多く

個室で勉強したくないならリビングに机を置くという逆転の発想もある。

とる。その傾向は兄弟姉妹など、子供たち同士の間にも出てきているようです。

ハウスメーカーの中には、子供がリビングに滞留する時間を多くする空間設計にくわえて、子供部屋自体を「可変型」にすることをすすめているところもあります。

「可変型」の部屋とはどんなものでしょうか？　これは二人以上の子供がいる場合、小さいころにかぎって、一つの部屋を共同で使うようにするというものです。子供部屋で独り寝できない小さい子にたいする仕掛けとしてはいいものです。

そして成長の段階で、部屋を二つに仕切り、一人一室にする。場合によってはその仕切も壁ではなく、クロゼットや本棚といった家具にして天井付近に隙間を設けて、風通しのいいものにするということもあります。また磨りガラスにして、たがいの気配を感じられるものにするという方法を提案するメーカーもあります。

ともかく子供を閉じられた個室に封じこめないようにする、風通しのいい兄弟姉妹それぞれの気配が感じられる部屋にするというのが、この可変型子供部屋の目的になっています。

しかしここで少し疑問に思うのは、そもそもなぜ、一つの子供部屋を子供の成長にあわせて途中で仕切り、二つに分割するような「面倒」なことをするのかということです。

また壁をつくり個室化する時期は、上の子の成長にあわせるのか、下の子の成長にあわせるのか、どちらなのか気になります。

最初からそれぞれの子供に別々に個室を与えて何が問題なのか。そこに明確な理由は見いだせません。

しかしいずれにしても、これらの新しい住宅の根底にあるのは、子供の空間を個室化しないで、外に向かって開こうという意識であることはまちがいありません。

ここまで新しい子育て住宅の姿をみてきて、漠然と描いていた私の子供部屋感と、大きなへだたりがあるのではないかという気がしてきました。

たとえ狭くても子供は自分の部屋をほしがる。そこは誰にもじゃまされずに「寝て」「遊んで」「勉強できる」空間であり、ときに読書に熱中し、空想にふけり、そして個の成長をとげていく。しかし、これからの住宅が目指しているのはそれとは逆の方向のようにみえます。

あまり広まっていない開放系の子供部屋

私には子育ての経験はありません。それなのに偉そうなことはいえないはずだ、という意見があるかもしれません。しかし子育ては人それぞれで、中身は千差万別。他人の家庭でどんな子育てが行われていて、子供部屋がどうなっているかは分からないものです。子育て、子供部屋では苦労したという経験、体験にしばられて、全体の傾向やあるべき姿が見えないということも考えられます。木は見えても森が見えないのではいけません。

ここで私はある人に力を貸してもらうことにしました。フリーのベテラン編集者であるMさんです。彼女は五十代です。女性誌の記事づくりなどを通して、さまざまな子育て中のお母さんやお父さんに取材した経験があり、客観的で冷静な意見を求めるには適任だと思ったのです。

私はMさんに意見を求めました。

「まず可変型の子供部屋についてどう思います?」

「それがいいと感じるのは、幼児期の子供をもつ親ではないでしょうか」

「子供の成長過程で印象は違ってくる?」

「どんな子供も最初は一人遊びから始まります。ぶつぶついいながら、彼らの世界でドラマをつくっている。それがやがて隣の兄弟姉妹といっしょに遊ぶようになる。これが成長の一過程だと児童心理学者はいいます。親もそれを見てうれしく思う。子供たちがいっしょに遊ぶのを大事にしたい、コミュニケーションを深めてほしい。その願望から、最初は一つの子供部屋がいい、となるのではないでしょうか」

「そうか。小学生になり個性がはっきりしてくると、いっしょに遊ぶこともへってくるし、勉強への取り組み方、生活時間もズレが出てくる。このころになると、やっぱり子供部屋はそれぞれ個室を、となりますね」

「子供は小学校も中学年くらいになると、しっかりとした個室をほしがるようです。だから可変型の子供部屋も、案外、すぐに別室化することになるかも。また子供によっては鍵がかかる部屋をほしがったりします」

「それは親としては困るな」

「磨りガラスの仕切壁や天井に隙間のある風通しのある準・個室は、けっきょく親の希望かもしれませんね。しかし実際には、そんな子供部屋を私はみたことがない」

「あまり広まっていないと?」

「リビングに勉強机を置くような家庭もないでしょう。あるとすると子供部屋がなくてやむなくという場合でしょうか。ましてや家族共有の図書スペースや書斎は現実にはほとんどないのでは。もしかするとこれから広がっていくのかもしれませんが」

Mさんにそういわれて、私はハッと気づきました。

住まいの理想は三〇年来変化なし?

手元にある住宅のパンフレットがあります。「子育てを考えた家　チャイルド」(ミサワホーム)。奥付のクレジットは一九八四年というから、三〇年以上前のものです。

それは暖炉の煙突と三角屋根のある白いおしゃれな家です。芝の庭にはバスケットボールのゴールがあり、カーポートに赤いドイツ車が停められています。オープンキッチンを併設したリビング・ダイニングは吹き抜けで、グランドピアノが置かれています。それでも少しも狭く感じられないほどの広さです。当時の理想的な住まいがそこにとらえられています。

パンフレットの中からコピー・フレーズを拾ってみました。

「一つの大きな部屋、一階。」

「父の哲学に触れる暮らし。ここは家の中の図書館です」

吹き抜けのあるキッチン、ダイニング、リビングが一体となった一階。そして家の中の図書館。すでに三〇年以上前から、家の中の空間的なつながりと、家族の一体感が理想とされていたということには驚かされます。

さらに子供に関する記述には、そのまま現代のパンフレットに使えそうなものばかりです。

「子どもたちにとっては、住まい全体が自分の部屋です。子どもは、家中を自由に動きまわり、気に入った場所で遊んだり勉強したりするものです。タテにもヨコにもひろがりのあるファミリースペース。これなら、絶えず家族の空気、気配に包まれて過ごせます……」

このパンフレットを見ると、子育て住宅における理想的なイメージは、すでにこのころからあったということができます。

「でも、三〇年後の家はこんなふうな先進的な間取りではないし、そんな暮らし方もしていない。不思議ですねえ」とMさん。

「ハウスメーカーでも、子供の寝る部屋と学習する場所を分けたり、図書スペースを設けたり、親子が共同で使う書斎があったりする家はまだ少ないといっていました。それだけの広さをとれない場合が多いんだと思う」

「家やマンションを買うときの子供の年齢にもよるんじゃないかなあ。結婚してすぐに住宅を購入する人は少ないでしょ。マイホームを考えるのは、たいてい子供が生まれてから。中には幼児期をすぎようかというころだったり、小学校に上がっていたりすることも多いのが現実。そうすると、一年後、二年後に、新築の家の中をばたばた走りまわる子供のイメージは、浮かばないのかもしれない。むしろ勉強机とベッドがしっかり入る個室のスペースをどう確保するか、きっとそこに目がいくんじゃないでしょうか」

「やはり子供には落ちついてしっかり勉強して欲しいと。わが子とのコミュニケーションも大事だが、まずは勉強というわけですか」

そう言葉をきったあと、私には納得できない思いが残りました。

たしかに現実的な制約は大きい。すべて理想通りにいくことはまずない。しかし子育て住宅における子供の領域に、いったい人々はどのような理想を求めているのでしょうか。そこがほんとうのところ分からないと気づいたのです。

ハウスメーカーや建築家から提示される案は、ただの理想として片づけているだけで、けっきょく住む側にいる人々は旧来の住宅観から抜け出ていないのではないか。つまりそこには「理想がない」という現実が横たわっているのではないか。

「そんな大げさなものが必要ですか?」

「理想像が描けないから問題なのではないでしょうか。現在の子育て住宅では、一人一室の子供部屋がスタンダードになっている。その子供部屋=個室への不安も、現実と照らし合わせる理想像がないから、漠然としたものとしていつまでも残ってしまう。けっきょく理想像がないところが問題ではないか」

「欧米だと、子供の部屋をどうしたらいいかとか、必要か不必要かなんて話は出てこないみたいですね」

「子供に個室があるのがあたりまえだから」

「あたりまえだから、わざわざそれを意味づける必要はないんですよね」

「日本の場合はその意味づけが必要なのかもしれない。日本で子供に個室を与えるのがあたりまえになったのは、いつごろからだろう?」

「私の親たちの時代にはなかったはずです」

「そうすると、一人一室の子供部屋が一般的になったのはせいぜい半世紀だ。時代をさかのぼって調べていくと、意味づけの方向が見つかるかもしれませんね」
私は日本の子供部屋の歴史をふり返ってみることにしました。

第三章

子供部屋への不安を探る

この章では
日本の子供部屋の歴史をふり返ります。
しかし子供部屋には、
暮らしの中にしっかり根づいたというほどの
歴史はないのが事実です。
何事も三世代続かなければ、
伝統とはいえないといいますから。
しかしその短い住まいの歴史も今あらためてふり返ると、
子供部屋にたいする人々の不安やゆらぎの源が、
少しみえてきます。

いまだ「川の字文化」が生きていた

今から二〇年ほど前、住まいの本を書くさいに、私はさまざまな人に話をきく機会がありました。

その中で一番驚いたのは、子供がまだ小学校に上がる前なので、家族全員が一部屋で雑魚寝している、という家が何軒かあったことです。

ある著名な教育者の家庭では、畳の部屋に布団を敷き、母親と父親の間に二人の子供を寝かせるという、まさに「川の字」の就寝スタイルをとっていました。そのお宅はリビングだけでもゆうに二〇畳以上あるような大きな家で、子供たちの個室も用意されているのですが、あえてそうした家族水入らずの寝室で過ごしている。

これはきわめて例外的なことかと思いましたが、現実には少なくないということが分かりました。家が狭くて、子供部屋がなくて「仕方なく」という例もありました。しかし家族がいっしょに寝ているのは、むしろそれが一番心地いいと感じているからだという意見も少なくなかったのです。

ある父親は仕事が忙しく、帰宅するのは夜遅くなる。子供は二歳だから、すでに寝ていて顔を見るだけ。スキンシップもとれない。せめてもの思いで、一室に布団を敷いていっしょに寝るのだ、と語りました。

「川の字文化」という言葉があります。父親と母親の間に子供を挟むように寝るこの就寝スタイルを、子供中心の生活文化だとして肯定的に表現したものです。

それを平たく表現すると、こうなります。

「アメリカは大きな家のベッドルームに家族がそれぞれ眠るらしいが、日本のように狭い家ではそんなことはどだい無理。みんな仲良く、子供を真ん中にして寝る子供中心の家族。川という字にそっくりじゃないか」

しかしこの川の字文化という言葉は、欧米の個室中心の住まいに対抗するために、強調されすぎたきらいがあります。日本の伝統的な住まい方として肯定しているようでいて、やはりほんとうは、狭い住宅という現実を受け入れるための方便ではなかったかと思います。

だからでしょう。川の字文化という言葉は日本の住宅にも個室が増えていくにしたがって、あまりに耳にしなくなりました。にもかかわらず、やはり一部ではいまだしっかり根づいている。それはなぜでしょうか？　私には謎です。この謎を解くために、まず日本の住まいに個室がどのように導入されていったか、少し歴史をさかのぼってみていくことにしました。

個室が日本の一般住宅に誕生したのはいつごろのことでしょうか?

廊下によって個室が生まれた

かつて日本の住まいには個室はありませんでした。明治時代の日本の家は、炊事に使う土間や板張りの調理場と、畳の部屋で構成されるきわめてシンプルなつくりが一般的でした。

家の大部分は畳敷きの和室が占めていて、襖《ふすま》を閉じることで、広間をいくつかの部屋に仕切ることができます。掃除の時は襖を開け放ち一度に効率よく掃けるし、冠婚葬祭では襖自体を取り外して、「会場」として使うということもありました。

個人の住宅ばかりでなく旅館なども、客間が襖で仕切られていました。だから、見知らぬ者同士が薄い襖一枚へだてただけの、なんとも頼りない「部屋」で寝起きしたのです。いまでは信じられないことですが。

当時の人々の空間に対する感覚は、現代人とはまったく異なっていたといえるかもしれません。ことにプライバシーという点では大きなへだたりがあります。

ところが大正時代に、突然、日本の家の間取りが大きく変化します。住宅の革命が起こるのです。それが中廊下式住宅でした。

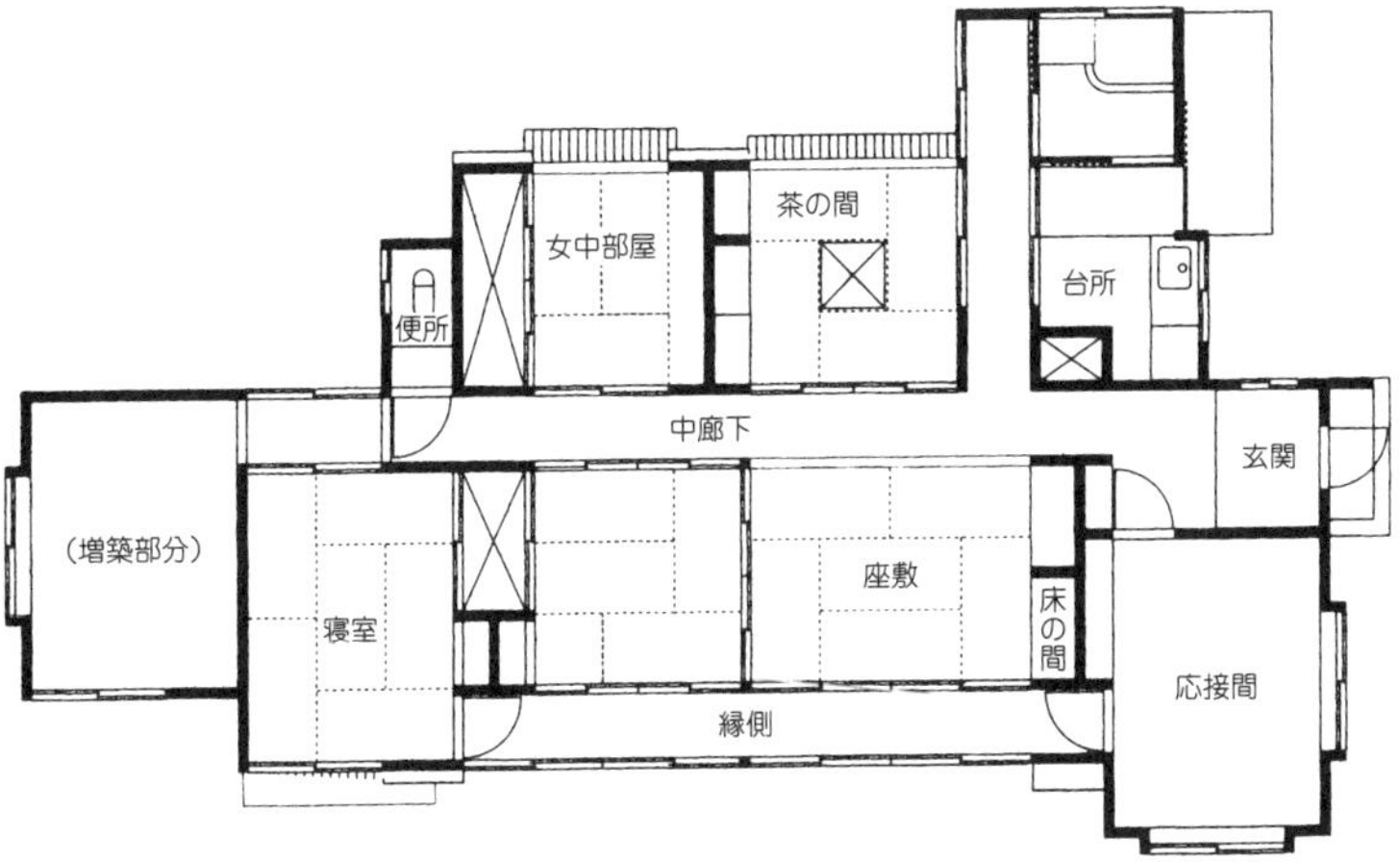

1932年に建てられた中廊下式住宅で、都市住宅における当時の最先端モデル。

中廊下式住宅というのはこんな感じの家です。玄関の扉はたいてい引き戸です。それをあけると、まず正面にまっすぐに奥までのびた廊下がみえます。上がり框《かまち》で靴を脱ぎ廊下を進みます。その両側には扉や襖の部屋が並んでいる。

家の真ん中に廊下が通るという間取りは、明治時代の一般住宅にはない新しいものでした。現代の私たちにとっては、たまに映画などで目にする懐かしい形の家となってしまいましたが……。

では中廊下式住宅のどこが画期的だったのでしょうか?

それは廊下で家の中を二つに分断したことによって「個室」が生まれたところにあります。住人は廊下を通って、それぞれの部屋に出入りするようになったのです。現代人にとってはあたりまえのことのようですが、当時の人はその斬新さに腰を抜かしたに違いありません。

それまでの家では奥の部屋に行くには手前の部屋を通って行くしかない。しかし中廊下ができると、手前の部屋を通らずに奥の部屋に行ける。手前の部屋にいる人をじゃますることなく、移動できるようになったわけです。つまり独立した部屋＝「個室」が生まれたというわけです。

この家の出現によって、人はプライバシーということを空間的に意識するようになりました。日常の暮らしの中で「個人」という意識が強くなっていったのです。裏を返せば、明治以降の個人意識の高まりが、中廊下式住宅の個室をつくりだしたということもできます。中廊下は家に個室を設けるためにあみだされた一つの方法だったのです。

二階建てになり住まいの中の分断が進む

中廊下式の形が基本となり、やがて畳敷きの部屋だけでなく板張りの個室も出てきます。戦後には二階建てが主流になって、夫婦の寝室と子供部屋が分かれていき、そしてついには、先ほど見てきたようなリビングに階段があるような家も出現したというのがだいたいの「流れ」です。

中廊下式住宅の出現が日本の暮らしに個室をもたらしたわけですが、それからまだ百年たらずしかたっていないということになります。それまでの日本人は、何千年ものあいだ個室を知らずに生きてきたわけです。

個室のない家に住む家族にとって、個人という意識は現代とはかなり異なったものだったはずです。川の字の就寝スタイルはその意識の名残でしょうか？　たしかなことは分かりません。

さてここで、二階建ての家の意味について考えてみましょう。戦後になって一般住宅に二階建てが急速に増えていきます。狭い敷地の中で適当な広さを確保するために、建物が上に伸びるというのは当然の成り行きでした。

二階建てには階段が必要になります。階段とはすなわち二階と一階とをつなぐ「廊下」の役目を果たします。平らではなく段々になっているだけで、階段は個室と個室をつなぐ廊下の一部であることには違いありません。

しかし、階段はフラットなふつうの廊下と違って、一階の部屋と二階の部屋との距離を遠ざけてしまうところがあります。何しろ上り下りは面倒ですし、視界もききません。

だからこそ、二章で紹介したように吹き抜けに階段をつくって視界を広げて、一階と二階との「つながり感」をだそうという試みがでてくるのでしょう。

当初、住宅の階段はたいてい玄関脇や中廊下の途中に設けられました。

これは前に紹介した導線の問題につながります。二階に子供部屋がある場合、子供は玄関から直接二階の自室へ入ってしまうようになりました。これがのちに問題となるのです。

もともと子供部屋は勉強部屋だった

高度成長期には新しい住宅がたくさん建設されます。そのとき初めて、子供専用の個室、子供部屋が生まれます。

しかし子供部屋は、最初から子供専用の個室であったわけではありません。一人の子供が自由に使える空間ではなかったのです。

映画『東京物語』にこういうシーンがあります。以下は『小津安二郎「東京物語」ほか』からの抜粋です。

……中学生の長男が二階に上ってくる。と、自分の部屋がきれいに片付けられているのであっけにとられ、廊下に出された小さな机の上にカバンを放りなげて、階下の母親をよぶ。

「お母さん、お母さん! ひどいじゃないか」

「何?」

「なんだい、ぼくの机、廊下に出しちゃって!」

「だって、お祖父さん、お祖母さん、いらっしゃるんじゃないの」

「でも、ぼくの机出さなくたっていいじゃないか」

「出さなきゃここでお休みになれないじゃない」

「じゃあ、ぼくはどこで勉強するんだい。試験あるんだぞ」

「どこだって、できるじゃないの」

その後も長男はしつこく母親につめよります。母親は「いつも勉強なんかしてないくせに」。息子は「勉強しなくていいんだね、ああ、楽ちんだね、あら、のんきだね」と、いなおってしまいます。

小津作品はいつも生活空間のディテールをリアルに表現していましたから、この映画も当時の中流家庭のようすをそのまま写実しています。

時は一九五三年、終戦から八年が経過した復興途中の東京郊外が舞台です。住宅兼用の医院の二階に、中学生の長男と弟が一つ部屋をもらっています。中学生くらいになると、一人一室とはいかないが勉強できる「場」を何とかつくろうと、苦心しているようすがうかがえます。しかしこれが、当時の比較的裕福な家庭の典型的な現実だったのです。

経済が急速に発展する高度成長期である一九六〇年代になると、現在の団塊の世代といわれる大勢の人々が高校、大学の受験生となります。彼らは今では考えられないくらい過酷な「受験戦争」にのぞまなければなりませんでした。何しろ人数が多い。彼らが小中学生のころは教室が足りずに、午前の部、午後の部とクラスを二つに分けて、一つの教室を使いまわしした学校もあったくらいです。

家でも事情は同じで、一人勉学に励むことができる個室をもつような恵まれた子は非常に少なかったのです。

だから茶の間の片隅や廊下にだした机で受験勉強する子供に、まるで腫れ物にさわるように接する家族の姿がよくみられたといいます。勉強中はテレビを消して、家族は声もたてないという気遣いをしたそうです。

受験生たちは図書館も勉強の場として、学習スペースとして活用しました。冬休み、夏休みになると学生たちが長蛇の列をつくり、入館までの待ち時間が一時間、二時間かかることも珍しくなかったといいます。

そんな時代に登場したのが「ミゼットハウス」というプレハブの小さな住まいです。といっても建築現場に組み立てられた仮の詰め所を小さくしたようなもので、広さは四畳半程度で窓はありますが、夏は暑く冬は寒いというしろものです。今でいうと物置小屋に近いものでした。

しかしこれが爆発的に売れました。使い道が予想に反していました。多くの家庭が庭の一角に設置して、子供の勉強部屋にあてたのです。そこには寝食は母屋で、勉強時間だけその離れに「通う」という受験生の姿がありました。

これが現在の子供部屋の原型となるものです。日本の子供部屋は、子供という一つの人格をもった存在が成長するための空間というより、勉強をするための仮の場としてスタートしました。

こうした当初の、いわばボタンのかけ違いが現在までつづいていて、子供部屋にまつわるさまざまな問題を引き起こし、この個室の性格をあいまいなままにしているのだ、と私は思います。

たとえば受験勉強時期の子供部屋が、親もまったく立ち入れないアンタッチャブルな場になったり、また思春期の子供たちが巣くうブラックボックスになったり、ある場合などはパートナーを引き込んで同棲を始めるわが子に親が手を焼いたり……。

勉強部屋として1960年代に大ヒットした、ミゼットハウス。

その因果関係を見つけるには、もう少し子供部屋の成り立ちを見ていく必要があります。

川の字文化は貧しい住環境のせい

大勢の若者たちが戦争のような受験にのぞんでいたちょうどそのころ、全国の都市部には公団住宅が誕生します。間取りは六畳のダイニングキッチンに、六畳と四畳半の和室というもので、小さな浴室もついていました。

当時はダイニングキッチンにテーブルで食事をするという洋風のスタイルが憧れを誘い、希望者が殺到してなかなか入居できなかったといいます。抽選日にはあまりの人だかりに大混乱した会場もあったそうです。入居者の多くは乳幼児の子をもつ子育て家族で

【写真提供／大和ハウス工業】

した。

だからたとえ部屋が狭くても、寝床の確保に苦労はさほど感じなかったのでしょう。和室の部屋に布団を敷きつめて川の字で寝るという家が多かったのです。洋風の集合住宅にも、川の字文化が継承されていきました。

この就寝スタイルについては前にも少し触れましたが、これは日本だけの伝統ではありません。東南アジアの一部では川の字の就寝スタイルをとっている家庭がまだありますし、中でも貧しい住環境の家庭ほどその傾向が強いようです。

信じられないかもしれませんが、ヨーロッパでも昔は川の字だったのです。一九世紀までのドイツの都市部では、半数の家に個室がなく、家族はみんな一つの部屋で寝るのがあたりまえだったといいます。

しかし社会に経済的な発展がもたらされ、貧しい住環境があらためられていくと、ほとんどの家庭に個室がうまれて、現代のように子供も別室で独り寝するようになりました。

つまり「日本には川の字文化という独特の伝統があります」などという記述をたまに目にしますが、根拠はほとんどなく、たんなる思いこみにすぎないのです。家族が川の字で寝るのは、狭い住宅と時代の制約があったからにすぎません。

住環境が整備されてきた現代では、親子が川の字で寝るのはせいぜい幼児期で、子供が小学校に入ったころには、多くの家庭ですでに別寝になっています。

家族が川の字で寝ることに、何か特別の意味や意義を求める必要はないと思いますし、むしろその弊害、独り寝が遅れる子供はどう成長するか、夫婦ペアの生活はどうなるのか、といった面に注意を向ける必要がありそうです。

子供部屋は定着したのになぜ不安があるの？

話をふたたび過去にもどします。高度成長期が終わるころになると、日本も一人の子供に一つの個室があたりまえになっていきました。今では多くの子供が個室をもつようになっています。

二〇〇七年の子供部屋所有率の調査（京都女子大と積水ハウスの共同調査）によると、二、三歳児で約三二パーセントですが、小学校一、二年生になると約八〇パーセント、高校生ではほぼ一〇〇パーセントになります。

この数字をみれば、子供部屋は日本に定着しているということがわかります。

そこでは、赤ちゃんの時分には添い寝などで、親と同室で眠り、幼児期から小学校入学くらいまでに子供部屋で独り寝に入るというのが、スタンダードな子供の就寝スタイルになっています。

しかしこれなら、日本の子供部屋にはなんの問題もない気がします。子供は独り寝にスムーズに移行し、あとは個室で心身の成長をとげていく。なんの問題があるでしょうか。

にもかかわらず、これから家をつくる、買うという家族にとっては、どんな子供部屋にしていいのか不安がつのるといいます。

親たちの意識について調べてもらっているMさんは、どうみているでしょうか。

「思春期以降のわが子と個室のイメージに、不安を感じている。そんな親たちが多いんですね」

Mさんは、ことに母親たちにその傾向が強いといいます。

「十代の半ばになると、子供は自立して身体的にも母親よりも強くなる。それが個室と結びつくと怖いという漠然とした不安がありそうなんです」

この言葉をきいて、私はある過去の事件を思いだしました。

三つの事件が子供部屋を悪者にかえた

一九八九年、時代はバブル経済のまっさかりです。そのとき一人の女子高生が亡くなりました。それがのちに子供部屋のあり方を問い直す契機となります。女子高生コンクリート詰め殺人事件です。

事件は都内にあるごくふつうの住宅で起こりました。その二階にある子供部屋に女子高生が連れこまれ、四〇日間も監禁されたあげく、その子供部屋の主と仲間の少年たちによって殺されたのです。彼らの中には、電信柱づたいにバルコニーにあがり、そこから直接、子供部屋に入る者もいたということです。

この事件が衝撃的だったのは、同じ家に住む家族がその惨状を知らず、ふつうに暮らしていたということでした。

家の中にもう一つ別の家が存在し、そこは子供以外は親も入れないブラックボックスになっていたのです。でも、なぜこんなことが起こったのでしょうか。

この事件は連日にわたって大々的に報道されました。その家の間取り図などもテレビでは流されました。事件の凶悪性と同時に、子供部屋が親の目がまったく届かない悪所になっていた、ということが社会に衝撃をあたえたわけです。

また同じ年には、連続幼女誘拐殺人事件の犯人も逮捕されました。彼は成人しても自立できず、家族が住む母屋から離れたところに与えられた個室で趣味に没頭する毎日を過ごしていて、部屋には膨大な数のアニメを録画したビデオテープ、漫画本など

女子高生コンクリート詰め殺人事件

玄関から廊下、階段を上りAの部屋(犯行現場)まで直接行ける間取りは、子供部屋が家から独立したブラックボックスにもなる。驚くのは犯行現場が両親の寝室と隣り合わせだったこと。子供部屋が完全に密室化しやすい間取りといえるのかもしれない。

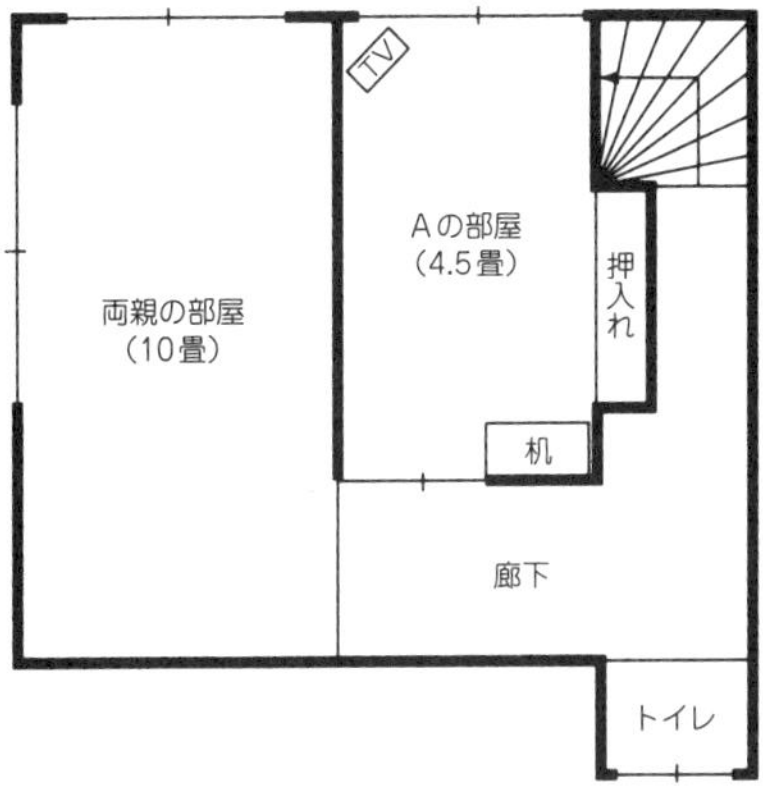

2階

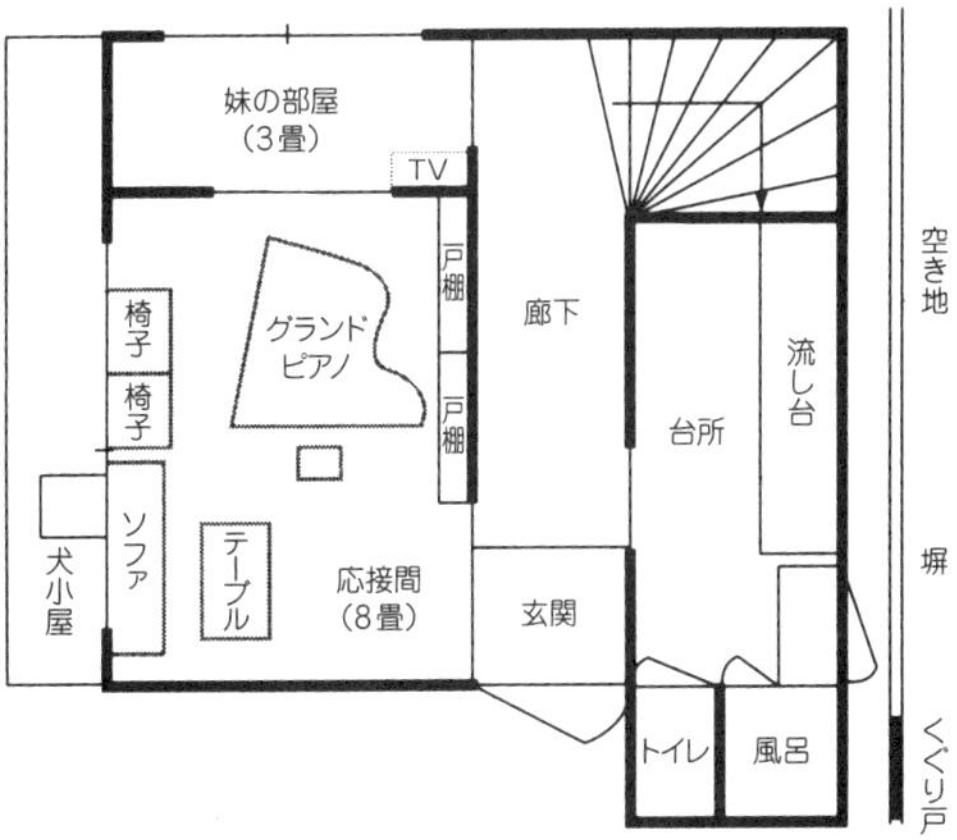

1階

が壁に山積みになっていました。写真が公開されたとき、私はその空間のもつ一種異様な不気味さに不快感とともに「恐れ」を抱いたように記憶しています。

さらに翌年の一九九〇年には新潟で少女監禁事件が起こります。現場は一般住宅二階の一室。学校を卒業後、ずっと引きこもっていた男が、少女を誘拐し、増築した自室に約九年間にわたって監禁していたという事件です。しかも一階には母親が同居していたのです。これは女子高生コンクリート詰め殺人事件の例とよく似ています。男の部屋はミラーガラスの窓、セミダブルベッド、テレビとオーディオセットがある密室空間でした。

凶悪な事件に関わったこの三つの「子供部屋」が、その後の住まいづくりに与えた影響はきわめて大きかったのです。

時を同じくして、子供たちの家庭内暴力の報道が増えました。彼らは自室を拠点にして住まいの中で暴君のようにふるまいました。また引きこもりが社会問題にもなりました。こちらはまさに子供部屋の普及とともに増えていった大問題です。

私は子供の非行を巡るあるシンポジウムで、著名な精神科医が「子供部屋の壁があるから引きこもる。なくしてしまえばいい」と発言したことを覚えています。彼の論法は子供部屋がなければ、引きこもりは起こらないという単純なものでした。

連続幼女誘拐殺人事件

まるで子供部屋がコテージになったような不可解な間取り。一軒の住まいの体をなしていない。子供部屋が物置と同列に置かれている。子供の成長とともに建て増しされていったのだろうか。いずれにしてもこの家は空間的に分裂している。

新潟少女監禁事件

母と息子の二人にしては広い家。少女が監禁されていたのは二階の一室だ。この住宅が特異なのは、内側にガレージやトレーニングルームも内包されているところ。住人の意識は家の中に閉じこめられていて、すべての欲望を内部だけで充足させようとしたのか。

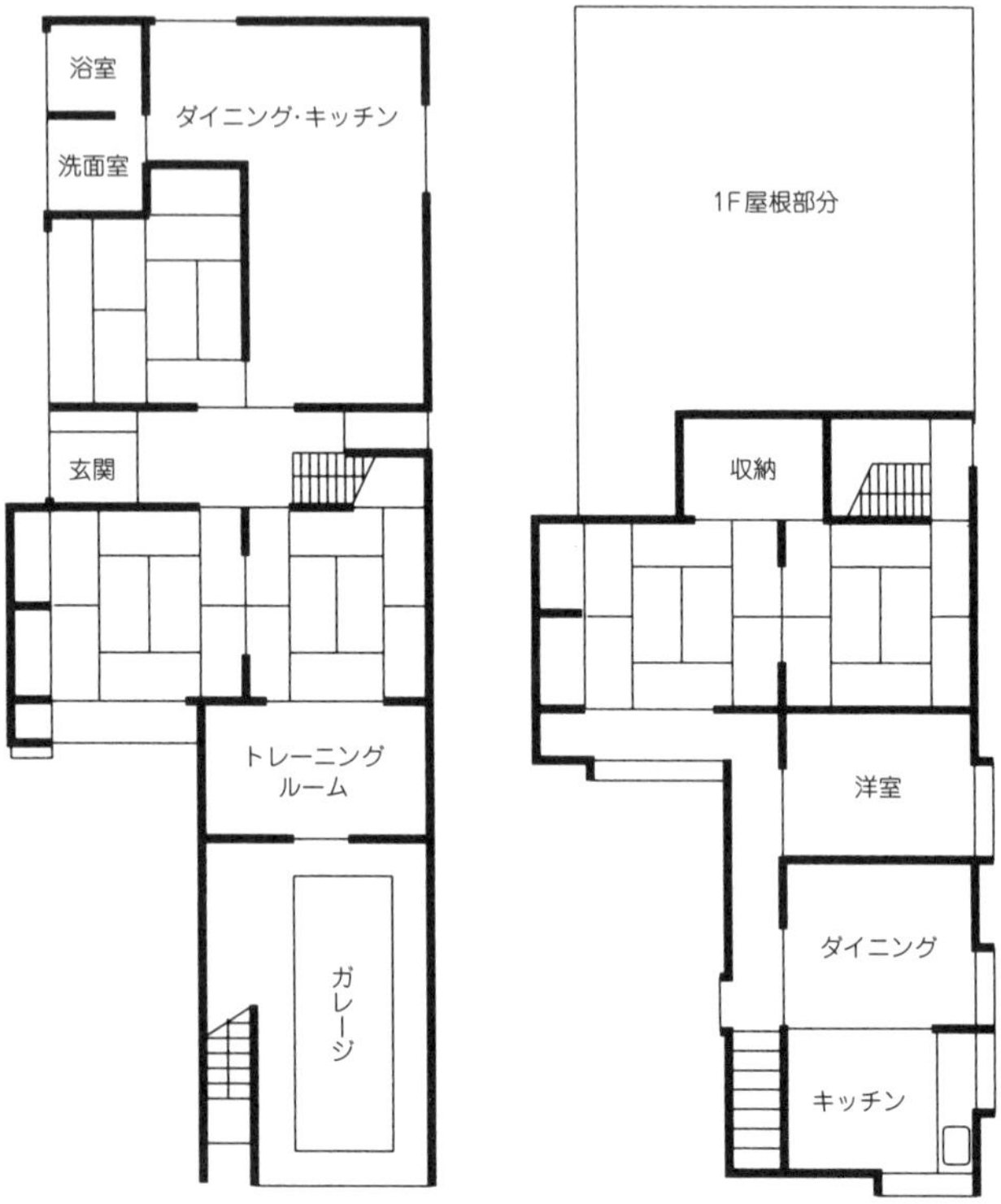

1階

2階

私はそれにたいして「引きこもる場所さえないと、彼らはどこへ行けばいいのか。町に出て犯罪に巻きこまれる、あるいは犯罪を犯す。そういうことも考えられる。個室が唯一の居場所で、そこにしがみついていることで、ようやく生きながらえている場合もあるのでは」と反論しました。

子供部屋という個室に問題があるのではなく、それ以前の人間関係と当事者の内面にこそ問題の源があると考えていたからです。

子供部屋なのに家族の不用品がある

ともかくあのころ、こうした事件や社会問題が一気に噴出して、住まいの中の子供部屋に対する人々の視線にゆらぎが生じました。つまりどんな子供部屋なら万全なのか？　よく分からなくなってしまったのです。

それまでは子供部屋とは防音がしっかりしていて図書館のように静かで、勉強に集中できる空間であり、ベッドや机やクロゼットを置いても、なおゆったりとしていて、そこで本を読んだり音楽を聴いたりもできて、さらに安眠できる部屋が理想でした。

勉強部屋の延長としての子供部屋だったわけです。

しかし、いろいろな事件、社会現象を背景に、居心地ばかりを優先した密室のような部屋ではたしていいのか、という疑問がわき起こってきたのです。

「最近は子供部屋が完全な個室ではなくて、気配が分かるような磨りガラスの仕切であったり、遮音性を重視するよりも、ドアの下部に広い隙間をとったりするようになった。これも背景には事件や引きこもりという社会現象があったんですね」とMさんは納得した。

「開かれた半個室状態の子供部屋というのは、子供の願望ではなくて親の不安からきてるのかもしれない。子に信頼があれば個室でいいわけですから」

「半個室状態というのは子供にとってはプライバシーが完全じゃないし、親にとっても完全に目が届くわけじゃない。そういうどっちつかずの状態って、とても不安定な感じがしますね」

「子供専用のりっぱな個室がある。しかし勉強するための部屋という以外の、たしかな意味づけがないところが問題なんだと思います。そういえば、あるおかしな子供部屋を思いだしました」

その家の二階はすべて子供部屋です。Aは中学生。彼の部屋も二階にあります。階段を上ると、廊下もなくいきなり個室に出る。まずそこがおかしい。一二畳ほどもある部屋で、Aの小さな弟ふたりが共同で使っている。Aの部屋はさらにその奥にあるので、彼は弟たちの部屋を通ってしか、自分の部屋にたどり着けない。子供部屋が個室として機能していない、まるで昔の和室だけの住まいみたいです。

奥のAの部屋は八畳ほどもある奇妙に細長い部屋で、ドアから入ると正面の壁一面がすべてクロゼットになっています。中学生の部屋のクロゼットにしては大きすぎる。もしかすると、それは彼以外の家族のものも収納されているのか。個室が個室として閉じられていない弟たちの部屋をみれば、十分に考えられます。

母親や弟たちがずかずかと入ってきては、クロゼットに物を出し入れしていたのかもしれません。しかもAの部屋にはテレビの後ろに大きな三面鏡が置かれているのです。婚礼祝いの品かなにかで不用になったのでしょうか。もちろん彼の物ではないでしょう。

これはAの部屋だが、はたしてほんとうにAの部屋といえるのか。個室として与えられながら、実は家族全体の収納スペース的に使われていたのかもしれません。自立した個人の部屋というより、家族の共同スペースであり、そこには三面鏡という不用品も置かれている。A本人はその部屋をどう感じていたのでしょう。

Aはその後、全国に知れわたる残忍な殺人事件を起こしました。次に紹介する事例も子供部屋が個室化していない不安定なケースです。

子供部屋をないがしろにした結果

登校拒否の生徒と住まいの関係を考察した日本で唯一の本『住まいの家族学』（外山知徳著）に、中学二年生の男子Yくんのケースが紹介されています。親は家が狭いからという理由で、お姉さんの布団をYくんの押入に入れます。彼は毎日、お姉さんが自分の部屋にやってきては布団を出し入れするのが嫌でたまらなかった。しかし、お母さんはYくんとお姉さんの「コミュニケーションにもなるから」とそれを改めませんでした。

この場合、自立しろと部屋を与えながらもう一方では、その存在を否定するような矛盾した「仕組み」を、思春期の子にたいして親がつくってしまったことになると、本の著者は指摘し、それが登校拒否につながったのではないかとみています。

またTくんという登校拒否の中学生の場合は、母親によって薄汚れた机を二つも自分の部屋に押しこめられてしまいました。母親の思い出の品だというのですが、Tくんにとってはどちらも薄汚い無用の長物でしかない。

「要するにTくんの部屋とは名ばかりで、いわば体の良い物置にすぎない」と著者は述べています。その机は毎日のようにTくんにむかって「意味」を発していました。

「ここは物置だ」と。

このエピソードはテレビの後ろに三面鏡を置かれた、あの殺人事件を起こしたAの部屋を連想させます。AもTくんも使われることのない品や不用品を自室で毎日見せつけられていた。家族が入ってきて、モノの出し入れをする。それが彼らに心理的影響を与えたということは、十分に考えられます。

毎日、目にする自室の空間というのは、無意識に多くのものを、人の内面に刷りこんでいきます。特に何事にも神経質で、感受性が強くなる思春期ならなおさらのことです。

スペースがあるからと、つい家庭の不用品を置いてしまう。そこに大きなクロゼットがあるからと、家族が勝手に部屋に出入りする。そこには子供部屋を単なる勉強部屋としかみていない親の姿があります。勉強のじゃまさえしなければいいという感じなのです。

個室かオープンな場か、ゆれる意識

ここで日本の住まいと子供部屋の歴史についてまとめてみましょう。Mさんとの対話で話を進めます。

「日本の住まいに個室ができたのは大正時代以降だから、それ以前にはもちろん子供部屋もなかった。長い歴史の中で子供部屋ができたのはつい最近です」と、私はいいました。

「川の字文化というのは日本人に根づいた伝統だと思っていましたが、実は家の広さや個室のあるなしに関わるもので、仕方なしにということだったんですね」

「しかし親子のスキンシップとして、幼児期を過ぎても川の字を実践している人が、今もいるんです」

「そこが欧米との違いですね」

「どうしてなのか、これは次章の宿題にしましょう」

「子供部屋が勉強部屋として始まったというのも驚きました」

「高度成長期以降に一人一室の子供部屋が行きわたっていくけれど、集中してしっかり勉学に励むための勉強部屋という役目が強かった。しかしその密室が事件の舞台となったり、引きこもりの問題が生まれて、こんどは逆に個室ではなく、子供の気配を感じられるような準個室や勉強机をリビングなどにもってくる動きが出てきた」

「でも、それほど広まってはいませんね」

「そうです。社会の子供部屋を見る目の変化にあわせて親の不安感だけが強くなったが、間取りや部屋のあり方という実態にほとんど変化はありません」

「どうしていいかよく分からない状態ですね」

「一つには、現在の親の世代も小さいころから子供部屋で育ったから、一人一室という基本原則になっているといってもいいでしょう」

「ただ不安感だけが残る？」

「それはやっぱり、子供部屋にたいする意味づけ、定義がないからですね」

「定義？　ますます、むずかしそうですね」

「それを探っていきましょう」

つぎは子供の個室にたいする日本と欧米との違いに着目したいと思います。

第四章

欧米流の子供部屋にもヒントがある

子供部屋にたいする考え方は、
日本と欧米で大きな違いがあるようです。
文化の違いと片づけてしまうのではなく、
そこに新しい日本の子供部屋の
ヒントがないかを探ります。
なにしろ欧米では、
赤ちゃんでも個室で独り寝させることが一般的なのです。
しかも子供の個室が、
特に問題になることはないといいます。
むしろ個の成長にとって必要不可欠だとか。
ここではまず日本の実態と
比べてみましょう。

乳児には添い寝が中心

私たち日本人は、赤ん坊をどのように寝かせるのでしょうか。

ほとんどの母親は夜、赤ちゃんに添い寝しているようです。寝室に布団を敷いてベビー用の布団で寝かせる、あるいは同じ布団に寝るというのが一般的です。またはベッドで両親の間に赤ちゃんを寝かせるというパターンもあります。いずれにしても、添い寝するというのが普通になっています。

生まれたばかりのわが子ですから、すぐそばで見守りたいということ、授乳が便利なこと、そして何よりわが子の表情や仕草を見るのが愉しいということがあり、まずは添い寝で始まるようです。

赤ちゃんといえば、すぐに思い浮かぶのがベビーカーとベビーベッドです。ベビーカーは町中でよく目にしますが、家の中で使うベビーベッドはどれほど普及しているのでしょうか。添い寝が中心の家庭では、ベビーベッドは必要ないように思えますが、実態はどうなのでしょう。少し探ってみましょう。

昭和の大ヒット曲に梓みちよが歌った『こんにちは赤ちゃん』があります。一九六三年一一月一日発売のレコード・ジャケット写真の中にベビーベッドが写っているのですが、その大きさが思わず目を引きます。長さは一メートル五〇センチをこえるほどもあり、もしかすると、外国製かもしれません。たとえばこれを前章で紹介した日本の公団住宅で使うのは、かなり無理があるようです。大きなベビーベッドは、当時の庶民の憧れだったのかもしれません。

実際に使っている人がどれくらいいたかは分かりませんが、半世紀以上前にすでにベビーベッドは、子育ての道具として認識されていたことが分かります。

では現在の保有率はどれくらいでしょう？ データがほとんど見あたらず、ようやく探し当てたのは、保育園の親総数五〇名を調査（二〇〇五年の会津大学短期学部卒業研究ゼミ）したものでした。

ここでは約半数の人がベビーベッドを使っていたと答えています。この数字をどうみればいいのでしょうか、悩みます。半世紀前に憧れだったのに、いまだ半数の人しか使っていない、という驚きもあれば、逆に添い寝中心の日本でこれだけ使う人がいるという驚きもあります。

Mさんとともに、さらに聞き取りをすすめていくと、実は部屋にあっても、ほとんど使っていないという家がかなりあることが分かりました。

Mさんを通してあがってきた声の中には、

「最初はベビーベッドに寝かせるように努力していたが、とにかく寝てくれないので、根負けして添い寝するようになった」

「添い寝することの楽しさが上まわって、ベビーベッドは使っていない」

というように、手に入れたものの、けっきょく使用しなかったという家庭もあります。

また最初からベビーベッドを買わない、あるいはレンタルしなかったという人の理由は、

「部屋が狭くて置けない」「すぐに使わなくなるのに買うのはもったいない」などです。

そのなかに「ベビー用のお布団で寝るので必要を感じない」というのもありました。

なるほど、赤ちゃんとの添い寝が一般的ならば、いらないという選択肢は当然ですね。また、手に入れては見たもののほとんど使わず、ベビーグッズ置き場になったというのもよく分かります。

しかしMさんは、とても役立ったという意見も少なくなかったとつけ加えました。

「家事で手がはなせないとき、ハイハイができるようになった子を、ベビーベッドに寝かせることができて安心だった」

あるいはこんなお母さんも。

「スキンシップは昼間十分にとったので、添い寝せずに、最初からベビーベッドで寝かしつけた。はじめから習慣づけることが大切」

これなどは欧米式の子育てといえるでしょう。

欧米では子供は個室で独り寝があたりまえ

アメリカではこんな調査結果があります。

「自分の子どもと一度も一緒に寝たことがないアメリカ人　32％」（海外情報サイト・MADAME　RIRI）

この数字を一〇〇パーセントから引くと、事実はこうなります。なんと残りの約七〇パーセントの親が子どもと寝ている！　案外アメリカも添い寝派が多いじゃないか、こんな感想をもつ人も出てきそうです。

しかしそれは大きな勘違いです。まずここでいう「子ども」のなかには幼児（インファント）は含まれないのです。なぜなら、

「欧米では幼児になっても一緒に寝ている家庭は非常に珍しい」（MADAME　RIRI）からです。

幼児期に入ったわが子と、ベッドでいっしょに寝るということは非常識であり、そもそも想定外なのです。この調査結果が私たちに示す本当の意味とは、三割もの人が赤ちゃんが生まれたときから、添い寝をしていないという事実なのです。

アメリカの多くの家庭では一歳になるころには、ほとんどがベッドに寝かせる。しかも夫婦の寝室ではなく、別の個室に寝かせるという場合も多いのです。

アメリカの人気作家であるスティーブン・キングの『ザ・ブギーマン』（扶桑社ミステリー『深夜勤務』）という小説の中に、興味深いシーンが出てきます。父親はその日、幼い子をベビーベッドのある子供用の寝室に移すのですが、そのときにこんなことを言います。

「子どもを自分のそばに置いておきたいのはやまやまだよ。だけど、過保護はよくない。子どもを駄目にしてしまうからね」

このセリフの中のキーワードは「過保護」です。わが子といつまでもベッドで添い寝したり、たとえベビーベッドでもいっしょの部屋で寝るというのは過保護になるというわけです。甘やかして育てないためにと、幼い子供でも個室で独り寝させるというのが、あたりまえの子育てになっています。

これが欧米のスタンダードな子育てとみえて、アメリカだけでなくヨーロッパの小説や映画にも、一人で部屋で眠る幼い子供を描いたシーンがたびたび登場します。それがリアルな光景であり、一般的な子供の就寝スタイルだからでしょう。

もしも日本のドラマで、たとえば一歳の子がベビーベッドに入っていて、母親が「お休み」といって、部屋の電気を消して部屋を出ていく。こんなシーンがあると、ちょっと違和感があるでしょう。日本と欧米の子育てには、大きな違いがあります。

私は五歳のときに、一週間ほど入院したことがあります。そのときの小児病棟のベッドのことが忘れられない記憶として残っています。ベッドは鉄パイプ製でした。優しいクリーム色に塗られていました。格子状の枠囲いは肩があたると、金属的な嫌な音をたてました。

消灯時間になると、看護婦さんがベッドの枠囲いを引き上げにやってきます。格子状といっても横になった四歳の子供には、非常に圧迫感がありました。落下などの事故防止のためにある囲いなのでしょうが、牢獄に入ったような息苦しさを覚え孤独感が増しました。

ともかくその嫌なベッドで一週間眠って退院したとき、私の寝付きに変化がありました。それまでベッドで独り寝するのに、嫌がってなかなか部屋に行こうとしなかったのが、退院後は素直にすぐにベッドに行くようになった。これはあとで母からきいたことで、私の記憶にはないのですが、いま考えればそれが、私のささやかな自立の第一歩だったのかもしれません。

当時の病院の小児用ベッドとベビーベッドは形がとても似ています。枠囲いをするとそっくりです。そんなベッドに独り寝するのは、子供にとっては最初は嫌なことですが、それを乗り越えることが自立の一歩になるのかもしれません。

添い寝で子供の睡眠時間はだいじょうぶ？

いま乳幼児の突然死がときどき話題になります。原因が明確ではないＳＩＤＳ（乳幼児突然死症候群）ですが、独り寝よりも大人のベッドでの添い寝のほうが、発症率が高くなるということで欧米では極力、添い寝をやめるように呼びかけています。

また、枕の下敷きや親に踏まれるといった事故も起きやすいとして、同じく添い寝をすすめていません。

さらに添い寝には、もう一つ気がかりなことがあります。それは睡眠のリズムです。いうまでもなく、乳幼児と大人の睡眠は異なります。寝室を親子いっしょにする場合、親が子供の睡眠にあわせるように気をつかうわけですが、もちろん完璧というわけにはいきません。独り寝をさせていないと、親が寝るまでなかなか子供も寝ないとか、子供が眠がっているのに親の都合で、ついつい子供の就寝を先延ばしにしたり、また遅く帰ってきた父親が、床に入るときに子供を起こしてしまったりということもあります。

テレビが大きな音をたてて、電灯が煌々と照る室内でも、子供はすやすやと眠っているように見えるときがあります。しかし本当にそれでだいじょうぶなのでしょうか。三歳児以下の乳幼児の夜間睡眠と昼寝とを合算した平均時間（NIMMEI STYLE掲載）は一一時間三〇分程度ですが、欧米ではおおね一三時間と、一時間三〇分も日本が少なくなっています。

これは夜に時間を決めて子供部屋で寝かしつけるか、それとも親の寝室でいっしょに寝るかの違いも影響しているはずだ、と私は思います。

睡眠は子供にとって貴重な時間なのですが、私たち大人は、睡眠時間をどこか無駄なもの、可能なかぎり削りたい、そしてその時間をほかの有益な活動にあてたいと思いがちです。

現代人の大人の睡眠時間、特に日本人の睡眠時間は世界でも短くなっていて、この三〇年で平均三〇分も短縮されています。そうした大人のいささか異常な睡眠時間の少なさを、子供にも押しつけていいはずはありません。

乳幼児の生活時間は明らかに大人とは違う。親が自覚していても、忙しい日々の中で、それをつい忘れてしまうようなことはよくありません。睡眠という観点からも、添い寝、子供部屋について考える必要が大です。

眠りに集中！が基本

子供に母乳を与える、あるいは離乳食、子供食を食べさせるというのは、いうまでもなく親の責任です。幼い子は自分だけの力で食べることはできません。またお絵かきなどの遊びも、最初は紙やペンを用意し、親がついてあげる必要があります。「遊び」も「食」と同じく親子の共同作業です。

しかし睡眠だけは別。眠るのは子供で、親が代わりに寝てあげるわけにはいかない。できるのは眠る環境を整えてやることだけです。

子供の睡眠不足は「キレやすい」「落ち着きがなくなる」など、子供の情緒面にさまざまな弊害が指摘されていることはご存じでしょう。しかし私は睡眠不足の影響は気分や健康上の問題だけではないと思います。

というのも睡眠という行為は、子供にとっても大人にとっても、とても個人的なものだからです。「食べる」「遊ぶ」は他者との共同行為という面がありますが、睡眠だけは一人だけのいわば単独行為です。

子供がすやすやと眠っている。そのとき親といえども、その睡眠の中に入っていくことも、中をのぞき見ることもできない。つまり乳幼児にとって、睡眠はただひとつの一人だけの時間、個にもどる時間だといえます。

この睡眠＝個の時間という考え方はとても重要です。子供が寝ているとき、親は子供のことをいったん忘れる。同じく子供も親のこと、おもちゃのことを忘れてしまう。そのとき彼は、彼女は自分の世界にこもる。この自分だけの世界にこもるということが、とても大切です。

なぜならそれが自立のための、ささやかな一歩になるからです。自立とは個を確立すること。そのためには一人になる時間が必要不可欠なのです。

私は子供の睡眠を個人として成長するための「活動」ととらえる視点が欠けているところが問題なのではないかと思います。たんに眠らせればいいのではなく、おかしないいかたですが「眠りに集中させる」ことが必要なのです。幼い子供にとって、眠りはたんなる休息ではないという気がします。その日、得た知識や経験や感情や欲望を、睡眠の中で探り、整理している。それが次の日の成長につながる。そんな気がするのです。

一人すやすやと眠る赤ちゃんの姿に、「どんな夢をみているの」「何を思っているの」と、たまらなくいとおしい気持ちになることがあります。親といえどもわが子の内面に立ち入れない瞬間です。だからこそ、いとおしくかわいくあるのです。つまりそのとき、わが子も一個人として自立への道を歩みだしているのです。

眠っている子供も考えている？

私は睡眠と子供部屋のことをMさんと話し合ってみることにしました。

「幼児期になると、子供はしだいに夜中もぐっすり眠るようになり、親にとっては楽になる。一方、赤ちゃんのうちは夜間もよく目を覚まし手がかかる。これが悩みの種になっています」とMさん。

「だから添い寝がいつまでも続いていくんですね。これはしかたないのかなあ。たしかに、暗い静かなところに寝かせて、起きたらそばに親がいるという状態は、子供にとっては一番心地よいでしょうから。しかしいつまでも同室でいっしょに寝ていると、子供が大人の睡眠リズムに影響されてしまう。子供がいろいろな活動をするべき昼間に、眠くなってばかりということにもなります」

「夜の睡眠の不足分は昼寝で補えばいいという説もありますが」

「やはり夜、しっかり眠るというのが基本。だって人間はそうやって生きるのが自然だから。子供もそこに合わせて成長して行く必要があると思います。子供にとっては起きている時間はすべてが発見であり、刺激であり、学習である。自分の五感や体を使った動きで手にしたものを、睡眠中は整理したり、ちゃんと身につけたりする時間なんですね。だから生理的な回復や肉体的な成長のためだけに睡眠があるんじゃない。精神面や心の成長のためにもあると思います」

「私にはよく分かりませんが」とMさん。

「ぼくら大人でも、朝目覚めると、昨日までさんざん悩んで気分が落ちこんでいたりしていたのが、嘘のようにすっきりして、気分が持ち直していることってあるでしょ」

「ええ」

「考えてもなかなか結論が出なかったり、分からなかったことが、なぜか翌朝は、きれいに整理されて頭の中で解決できていたりということもある。人間は睡眠中は何も考えていないわけじゃなくて、実は一種の思考活動もしているんです。子供も彼らなりの思考活動をしているんだと思う。夢を見るというのもその一つ。子供の睡眠も、彼らが言葉でうまく表現できないだけで、なんにもやっていないわけじゃない」

「邪魔しちゃいけないわけですね」

「だから、理想はやはり子供部屋という静かなゆっくり休める空間が別にあることなんだと思うんです」

「子供部屋で独り寝できるのが一番？」

「それからもう一つ、子供部屋の問題は夫婦の寝室の問題でもあるんです」

「あ、それはなんとなく分かります」

子供部屋のあり方は夫婦のあり方とつながる

最近の子供の就寝スタイルで、欧米と日本の大きな違いがもう一つあります。

日本では、母親と乳幼児である子供がいっしょに寝て、父親は別室で寝るというケースが少くないのですが、欧米ではまずありません。

あたりまえですが、子供の就寝スタイルは親の就寝スタイルと関連しています。子供と両親が川の字に寝る場合と、母親と子供がいっしょに寝て父親は別室という場合は、夫婦の就寝スタイルが異なる。子供にとってはどちらも親と寝ているけれど、後者の場合、親同士は別々に寝ているわけです。

川の字で寝る場合も、夫婦というペアの視点からみると、二人だけの就寝ではないわけです。

「欧米の場合は、自立のためには子供を早く個室で寝かせるようにするんですが、それは同時に、家族の基本は夫婦という考え方が根強くあるからでもある。子供は自立してやがて巣立っていく存在だという意識が根強いんですね」と私は持論をはきました。

「そこは日本はあいまいですね。子供が小さいうちは、『夫婦』より『親子』が家族の基本関係になっているような気がしますね」とMさん。

「そのまま夫婦別室になっていく場合も少なくないでしょ。結婚して二〇年以上たつとベッドや寝室を別々にしている夫婦が五〇パーセント以上（女性向けサイト・ラルーン）になるという調査結果もあります」

「ただお父さんが帰宅が遅くて、母子と別室になるケースというのは、仕方ない面もありますよ」

「仕方なくずるずると別室化して、いつのまにか元に戻れなくなって、あとで後悔するというのが一番よくないですね。最初から子供が何ヶ月、あるいは何歳になれば子供部屋に移して夫婦同室に戻る。あるいはそのまま別室のまま過ごし、それをわが家のカタチにするというような、明確な方針をあらかじめたてておく必要があると思います」

「子供部屋問題というのは、場合によっては夫婦部屋問題でもあるということですね」

子供の独り寝には厳しさがいる

この章では乳幼児の家での寝かせ方などを、海外との比較などを通してみてきました。最後にまとめてみましょう。まずは私から。

「乳幼児の添い寝が日本ではあたりまえになっているけれど、海外ではむしろ珍しいということ。ことに幼児期に親といっしょに寝させるのは、子供にとって自立をはばむのでよくないという考え方があります」

「そこで問題なのは、日本では住宅事情の問題で、赤ちゃんのうちから子供部屋を用意できない家が少なくないということですね。たとえば子供二人の家庭だと、どうしても3ＬＤＫ、理想は4ＬＤＫが必要。しかし大都市でこの広さの住まいを新婚家庭で手に入れるのは、経済的にむずかしいという場合もあります」

「添い寝についてですが、これは事故やＳＩＤＳの危険もあるし、子供に十分な睡眠、深い眠りを与えることも大変になる。子供の自立という点でも独り寝を早くさせたほうがいいと私は思います」

「子供を個室で独り寝させるテクニックというのが、ネット（子育てサイトのマタニティ・マーチ）で紹介されていました。それによると、独り寝への移行は年齢が上がるほどむずかしくなるということです」

「自分から独り寝をいいだすのは、小学校の低学年くらいだというから、それまで待つほうがいいという意見もあるけれど、それではなんのための子供部屋か分からないですね」と私はいいました。

「独り寝させる方法では、親が主導権をとれる子供が小さいうちがいいということなんですね。とにかく甘い顔を見せない。本を読んでやるときはベッドの外からで、本の内容のほかは『寝なさい』という言葉以外は口にしないなど厳しいものです」

「それは海外の親がやっていることですね」

「むこうは早いうちからやるから楽なのかもしれません。日本の場合、ついかわいそうになって添い寝をしてしまうことがある。けっきょく親のほうも子離れしないとダメということのようです」

「それは夫婦の就寝スタイルにも関わってきますね。子供が生まれて親子関係中心の家族になるか、あくまで夫婦中心の家族を維持するかという選択です」

「結論はそこですね。子供第一になるのは分かるが、それはなるべく短い期間にとどめ、子供が幼児期になれば夫婦中心にもどる、というのはどうでしょう?」

「たしかにそれが一番リアリティがある方法かもしれないな」

第五章

子供は子供部屋を好きなのだろうか

子供部屋の命というのは、じつは大変短いものです。
せいぜい20年でしょうか。
ところが短い期間にもかかわらず、
最近の子供部屋には子供の姿がないのです。
子供には自宅の個室で、
充実した濃密な時間を
過ごして欲しいものです。

子供が自立したあとの部屋はどうするの？

子供部屋の理想的な姿を探るのがこの本のテーマです。しかしその理想は三つの視点から眺めると、それぞれ別々の姿になって、私たちのまえにあらわれてきます。

三つの視点というのは、一つは「子供」、そして、いうまでもなく与える側である「親」です。さらに「住まい」という視点もあります。住宅という視点で子供部屋をみると、子供がいなくなれば、それはたんなる個室になります。

子供が生まれて成人するまで二〇年です。成人してからも数年は、子供が部屋に住まいつづけるかもしれませんが、その家で子供部屋が子供のための一室として役立つのは、だいたい二〇年前後でしょう。

しかし現在つくられるマイホームは最低でも五〇年、中には一〇〇年住宅をうたう住宅もあります。そうするとあたりまえですが、差し引いた三〇年以上、子供用の個室は別の利用が考えられます。

そこがリビングやキッチンや夫婦の部屋とは違うところです。

子供部屋は親がリタイアするころには、たいてい空っぽになっているわけで、現実的にはわが子の思い出の場所としてきちんと残されるか、ほんらい捨てられるはずの収納品の死蔵場所となるか、そのまま放置されるかです。

せっかく部屋があいているのだからと、書斎として、あるいは趣味の作業場所や即席のスタジオなどに活用される場合もあるかもしれません。

長い人生に比べて、家族がいっしょに暮らす時間は、ことのほか短いものです。これからマイホームを考える世代の人も、自分が育ってきた家族の時間を思い起こすと、それがよく分かるはずです。

なぜこんな話をするかというと、住まいを選ぶときにたいていの人は「子育ての住まい」だけを想定して、すべてを決めてしまうからです。自分たちがリタイアしたあと、どのようにつきあえる住まいにするかという視点は案外ないものです。

しかし、子育てが終わってからの人生は長い。しかも仕事をやめたあとは、住まいで過ごす時間がいっそう長くなります。リタイア後は住まいとのつきあい方もかわってきます。

中には稀にですが、子育ての家を選ぶとき、もっともオーソドックス（たとえば広めのリビングに収納スペースがいっぱいある3～4ＬＤＫ）で、品質のいい（しっかり長持ちのする）、流行を追いかけたものではなくおとなしい一般的なデザインで、将来売りやすいものにする。子供が自立し、リタイアした後にはそれを売り払い、こぢんまりした二人用の住宅を手に入れる。こんな長いスパンで考えている人もいなくはありません。

これは欧米などではよく見られる「住み替え」の発想ですが、残念ながら日本では定着していません。日本の住宅はスクラップ&ビルド（壊して造る）されるのが一般的です。中古住宅市場がうまく機能していない、整備されていないということもありますが、もっとも大きな理由は「住まいは一生に一度の買い物」という考えが根強くあるからでしょう。

このような現実をかんがみて、子供用の個室を長い目でみることも必要です。たとえば将来、ただの物置になってしまうのに、そんなに広くてりっぱな子供部屋がいるのかどうか、という視点も必要でしょう。

だんだん空洞化していく子供部屋

これまで乳幼児の子育てと子供部屋について見てきましたが、ではその後の、思春期以降の子供部屋は、どのように使われているのでしょうか。

Mさんが一番注目したことは、子供たちが親たちと同じように、家にあまりいないということでした。

「かつて雑誌の取材などでは、連絡しても一番つかまりにくいのが主婦でした。昼間、家の固定電話ではまず連絡がつかなかった。今ではスマホかケータイの番号、メールアドレスを頼りに連絡をとるようにしています」

「昔は家の固定電話は家族の代表電話のようなものだった。今では怪しげなセールスの電話くらいしかかかってこないので、留守番電話にしていて出ないという家も多いのですね。固定電話という家族共有の窓口が役にたたなくなったのは、家族がバラバラになった象徴だという見方もあります」

「ともかく家にいるということが少ないのは事実です」

「それは子供たちも同様ですね。学童保育、学習塾、部活、習い事と、家にいる時間が極端に少なくなっている」

「小学生くらいの子供だと、家に一人で留守番させておくのが安全上心配で、だからお稽古ごとに行かせている、というお母さんもいました」

「情操教育ではなく、セキュリティとしてのお稽古ごとかあ」

私はこの現実に驚きました。

「子供部屋も思ったよりは全然使われていないんです。小学生くらいでも、学校から帰ったらカバンを子供部屋に放りこんで、あとは夕食までリビングで過ごすとか、帰宅そのものも遅くなっています」

「高校生くらいになると、もっと部屋にいなくなる。受験校などでは早朝から夕方くらいまで授業があり、部活で忙しい子多いですからね」

「自分の部屋への思い入れも、親が考えているより低いのかもしれない。少なくとも、家を手に入れた当初、こんなに子供が子供部屋に不在だということは想像つかなかったでしょうね」

今から一〇年以上前のことですが、私は高校生たちに「ケータイと自分の部屋のうち絶対に必要なものはどっち？」と尋ねたことがありました。答えは大半が「ケータイ」なのには驚きました。

その中には「自分の部屋がなくなっても、家の中に寝るところさえあればいい。ケータイがなくなると、その代わりになるものがなく不安」という回答があったことが印象的でした。つきつめると、子供たちが住まいに求めているのは「寝る場所」だけなのか、と思ったくらいです。

いま彼らがもっているのはケータイではなく、ほとんどがスマホです。現代の高校生のスマホ所有率はほぼ一〇〇パーセント。ケータイより多機能でネット使用率も高いスマホは、依存率が上がっています。だとすると、この同じ質問を今の高校生にして、その回答を推測することすらばかばかしいくらい、答えははっきりしています。

私の世代、昭和の世代は自分の部屋は絶対的な必需品でした。そこは自分の好きな音楽を聴く、読書をする、勉強する、あるいは何もしないでも、いちばんリラックスできる空間であると同時に、友達を呼ぶための場でもありました。

この友達とのコミュニケーションの場としての子供部屋は、たいへん重要だったということができます。

しかし、近年の子供たちの生活の舞台は、家から外へとどんどんシフトしています。学校教育は長時間化しているし、先ほどふれた塾やお稽古ごともあいかわらず盛んです。

児童公園などで遊ぶのは危険だと、父母が持ち回りで自宅に子供たちを預かるという動きもあるそうですが、低学年までのことです。しかもそれが「児童を家に一人で居させるのは危険」だという考えからきているとすれば、家にそなわっている「安全」という役割そのものが、薄れているということにもなります。

現代の子供たちは学校帰りにコンビニに寄って飲食コーナーで買い食いしたり、ファミレスやハンバーガーショップで食事するということもよくあります。帰宅するとテーブルに子供用におやつが用意してあり、それを手に自室に入ってぱくつく。そんな時代はすでに過去のことなのでしょうか。

少なくともここ数十年で、子供の「食」は圧倒的に外部流出していると思います。友達との交流の場もファミレスのような場所に外部化しました。かつて存在した子供部屋の価値の多くが、家の外へ出ていってしまったのです。

そこで始まっているのが子供部屋の空洞化なのです。子供部屋への引きこもりは問題になるが、この空洞化が注目されないのは不思議です。

子供部屋の滞在時間をのばそう！

子供部屋は受験勉強のための騒音対策として始まりました。集中して勉強できる静かな空間が、子供部屋の必要十分条件だったのです。ですから、いくら空洞化しつつあるといっても、勉強部屋という役割はきっと残っているだろうと思いました。

ところが、あるファミレスで壁に貼られた但し書きを見たとき、考えを改めざるを得ませんでした。そこにはこう書かれていました。

「テーブルに本やノートを広げての長時間のご利用はご遠慮ください」

きっと高校生たちのことです。最近よく、ソフトドリンクを注文しただけで、そのあとはひたすらノートを開いている高校生たちを見かけます。コーヒーショップなどでは、仲間とではなく、一人で黙々と勉強に励む子もいます。

かつて喫茶店というと、漫画や週刊誌が置いてあり、そこでのんびりと過ごしたり会話を楽しむものでしたが、そんな場所は姿を消しました。代わりにあらわれたのが、パソコンやテキストを開いて課題に取り組む若い世代の客がたくさんいるカフェです。

そんな店に一歩足を踏み入れると、その静けさに私などは圧倒されることが多い。スマホでゲームを楽しむ客もいますが、よく観察すると、ほとんどの人が勉強や自己啓発に取り組んでいるのです。

「ぼくも高校生のころは、音楽喫茶店などで勉強したことがありました。考えてみれば、今はあのころよりもずっと、本やノートを開いて勉強できる場所が外にできた。子供部屋で一人で勉強しなくなっているんでしょうね？」と、私はMさんに尋ねました。

「お店での勉強も友人との一種のコミュニケーションの場になっているのかと思っていました」

「しかし見ていると、みんな案外、黙々とやっていますよ」

「そうなんです。高校生などにきくと、自分の部屋にはベッドがあり、リビングに出るとテレビもある。誘惑が多くて勉強に集中できないというんです」

「それは分かりますね。ぼくもそうだったから」

子供たちが住まいの外に勉強できる場所を見つけられるようになった。子供部屋がもっていたはずの「勉強」という役割も薄れてきたのかもしれません。つまり子供部屋の求心力が弱くなったということでしょうか。

もしかすると、カフェで見かける勉強に励む高校生、大学生は、「自由な空間＝怠けることもできる場所」である子供部屋を避けているのかもしれません。

だとすると、子供部屋の存在意義はいったいどこにあるのでしょうか。ただの寝室、それとも日々こなさなければならない課題からのつかの間の逃げ場？

私は三年ほど前に電車の中で見かけたある子供の姿が忘れられません。

都心から海辺の郊外へ向かう電車で、昼下がりとあって車内はすいていました。その子は小学生です。三年生か四年生くらいでしょうか。制服、制帽姿です。私立の学校に通っているのでしょう。彼は私と向かいあわせのシートでランドセルの上にノートを広げて、電車の揺れにあわせて体をゆすりながら鉛筆を走らせています。どこか眠っているようにもみえました。

私は自分の本に目をもどしました。すると突然、ドサッという物音がしました。ランドセルが床にころがっています。彼はハッとした顔で私に目をやると、あわててランドセルを拾い上げました。眠気に襲われたはずみで、つい落としてしまったにちがいありません。しかしその子は気をとりなおすと、なんと床に正座しました。そしてノートを座席にのせて勉強の続きを始めたのです。

スケジュールにおわれるビジネスパーソンのような小学生の姿に、私は感心するよりも、むしろ痛ましさを覚えました。

たとえばあの子にとって自宅の子供部屋とは、いったいどんな空間なのでしょうか。ほっと一息つける安らぎの場なのか、それとも眠るためだけの部屋なのか、気になります。

「教育熱心な家庭の子供、あるいは外向的で活発な子供ほど家にいない時間が長いといいます。それだけ子供部屋にいる時間も少ないということですね」とMさん。

「友だちを家によぶことも少なくなった。子供の時間が家から外へ流出した、つまり外部化した時代です」

「この話の私の第一印象は、ただ『もったいない』のひとことです」とMさん。

「まるで泊まり客がいない豪華ホテルのような感じですね。やっぱりできるだけ早くから子供部屋を使ってもらわないと、元がとれない。子供が自立して出ていくまでの、部屋の総滞在時間をのばそう。そのためにはできるだけ小さいころに部屋に入れること。でないと空間に投資した意味がない」

私は半ば冗談でいいました。するとMさんは真顔で、

「広くてりっぱな子供部屋なんて必要なんでしょうか?」と切り返してきました。

Mさんの問いかけは子供部屋の根本をつくものです。

私はつぎに子供部屋のほんとうの役割について考えてみることにしました。

第六章

子供部屋がもつ「力」

落ち着きのない子を通りこして、
教室の中を勝手に歩きまわるような子がいます。
先生が注意しても聞かない小学一年生。
もしその子が、
きちんと子供部屋に閉じこもることができるのなら、
きっとそんなことは
起こらない気がします。

「動物的」にふるまう子供がふえている？

「小一プロブレム」という言葉があります。

小一（小学校一年生）とプロブレム（問題）を組み合わせた造語ですが、参観日などの教室で、これを目の当たりにした父母がたいへんなショックを受けたという話を、よく耳にします。

小一プロブレムとは、小学校に入学したばかりの子供たちの中に、先生の話が聞けない子、すぐに教室を歩きまわって席に着けない子がいて（ときに複数の子が同調して）、授業が中断されたり、中には「学級崩壊」につながったりするという困った現象です。

本人たちにはもちろん自覚はなくて、叱っても効き目はない。すぐにまた教室を動きまわったり声を上げたりします。

言葉は悪いのですが、彼らのふるまいはいささか「動物的」にうつります。自分の欲するままに声をだし徘徊する。抑制がきかないのです。常に自分の注意を引くような刺激的な音やモノや情報を欲していて、それがないとガマンできない、というように私にはうつります。

東京都教育委員会調査（二〇一〇年）では、公立小学校のうち約二割もの学校で小一プロブレムが発生していました。東京学芸大学の調査（二〇〇九年）でも全国的に同じような傾向が出ています。

今の親世代が知っている教室風景とは大違いです。もちろんその上の私の世代にも、小一プロブレムはありませんでした。

現代の子供の一部がなぜきちんと座って授業を受けられないか、その理由には「チャイムに合わせて時間割どおりに行動することに不慣れ」「座ってじっとしていることが習慣化されていない」「ストレスに弱い子が多い」などがあげられているようです。

たしかにその通りなのでしょう。しかしこの理由は、なぜ昔はなかったのに、今増えているのかということには答えていません。

昔から小学校では時間割通りに授業が始まって終わりました。かつても、座ってじっとしていることが苦手な落ち着きのない子がたくさんいました。家庭での躾が急にゆるんだわけでもないでしょう。ストレスに弱い。たしかに。でもなぜ？　と問い返したくなります。

増えた理由があいまいですから、対策も対処療法的です。「書道やそろばんといった座るお稽古ごとをやらせる」「学校でストレス発散の運動をやる」「家族や地域でコミュニケーションをたくさんとる」。

どれも、そもそもなぜそうなったのか、という理由が分からないので、それでうまくいくのか、ちゃんと解決するのか心もとないかぎりです。

デジタルな刺激に慣れると授業が退屈に?

私が小学校に入学したてのころは、学校という新しい世界に足を踏み入れて、緊張と不安のほうが強かったように思います。しかしいつのまにか学校生活にも慣れていき、授業も面白くなってきました。もちろん、ときどきつまらなく思えたりすることもありはしましたが。

私が通った小学校は、空港のすぐそばにあり、飛行機の騒音がうるさくて、窓ガラスは二重になっていました。当時はまだ米軍の戦闘機やプロペラの大型爆撃機まで、たまに飛んでいて、授業中それを眺めるのが楽しみでした。そのほかの時間も、空想ばかりしていて、あまり先生のいうことをきいていなかった記憶があります。だから、授業で急にあてられたときは、質問も分からずどぎまぎして答えられない。ですから、通信簿にはいつも「集中力がたりません」と書かれたものです。

私も今なら小一プロブレムの張本人になるのでしょうか。注意力が散漫だった私ですが、幸い教室を歩きまわったり、意味もなく声を上げたりはしませんでした。クラスにもちろん、そんな子はいなかった。なぜでしょうか？

理由を見つけるのはむずかしそうですが、現在と過去との子供たちの生活環境を比較すれば、少しは問題の謎が解けそうな気がします。

まず過去になく、現在あるモノといえば、ゲーム機です。刺激的な動画や音声に反応しながら、子供たちは夢中になって遊んでいます。かつての積み木遊びやお人形遊びやお絵かきと違って、その顔は無表情でどこか精気が感じられない。そう感じるのは私だけでしょうか？　彼らはあらかじめプログラムされた「課題」を、瞬間的な指先の操作で黙々と達成していきます。

電子ゲームとはシステムの指令に従って行う情報処理の、速度と時間の長さを競う、きわめて受動的なものです。そこに創造性はありません。これと同類の学習機やパソコン用ソフトも出回っていて、教育熱心な家庭では幼児もそれに取り組んでいます。

しかしいくら学習だといっても、これらは外から入ってくるデジタル情報、それもとてもカラフルで動きの巧みな動画や音などを見て、聴いて、反応することが基本です。

しかし学校の授業には、そんな巧みな仕掛けは用意されていません。電子ゲームのスピード、刺激に慣れた子、電子的な情報ばかり受け入れてきた子には、学校の授業はどうしても退屈になります。

なかには奇声を発する子供もいますが、それは自分で自分にむけた「刺激」をつくりだしているかのように私には思えます。

私はすべてを電子ゲームのせいにするつもりはありませんが、それが一つの要因であることは間違いないでしょう。

ゲーム漬けになった子供からゲームをとりあげて、まったく使えなくしたらその子はどうなるでしょうか。反抗するかもしれませんが、執拗につづけることで、けっきょくは一人遊びを始めるしかなくなるのではないかと私は思います。

ただ、いまの父母には、子供に向き合うための時間的な余裕がなく、それをやれないだけです。むしろ、子供がゲームに熱中している時間も面倒を見たり、相手をしなければならないとすると、大変な負担になるでしょう。

だから子供にゲームを与えるときは、特に慎重にならなければいけないのではないかと思います。安易に喜ぶから、一人遊んでいて面倒がかからないからという理由で、ゲームに子育てを頼むと、あとあと大変なことになります。

できるだけゲームに頼らずに自分で遊べる子供に早くすること、これにかぎるわけです。

ファル・ニエンテこそ子供を成長させる

ここで見方を少し変えてみます。

子供には電子ゲームやテレビや玩具など楽しいものがたくさんあります。少し大きくなってくると、幼稚園、保育園、ピアノ、スポーツ教室が始まり、一日のスケジュールが埋まってきます。

私は以前、関西にある私立小学校を受験する子供たちのための受験塾を取材したことがあります。そこで一人の母親が記したわが子のスケジュール表を見せてもらいました。幼稚園とその塾以外に、ピアノ教室や幼児のための英語教室、体操教室と予定がびっしりで、その中に「公園の砂場でのお遊び、二〇分」と記されていたことに、腰を抜かしました。砂遊びまでも分単位で決められた「予定」だったのです。

そのとき気づいたのは、今の子供たちにないものはただ一つ、「退屈」だ、ということでした。

実は現代の子供に不足しているのはコミュニケーションでも外遊びでもなく、まず何より「退屈な時間」なのです。

かつての子供には退屈な時間、無駄な時間がたくさんありました。しかし子供は退屈が嫌いです。そこで彼らはすべてを遊びにかえてしまいます。お絵かき、人形遊びなども道具がなくても、勝手にやって壁を汚したり、大切な置物の人形を壊したりするのです。

こうした遊びの最中は、彼らにしか分からない空想の世界に没頭しています。ぶつぶつ言葉を発しているかもしれませんが、彼らの頭の中でどんなドラマが展開しているかは、誰にも分かりません。

このとき大切なのは、積み上げた積み木そのものではありません。それはどうでもよくて、大事なのは子供の中に生まれた想像や空想です。玩具を彼らなりに何かに見立てて、そこに自由にドラマや物語をつくりだす。この創造の過程が、子供の知性や内面を育てていくわけです。

さて、先生のいうことをきけず教室を歩きまわる子と、静かに椅子に座っている子とは、どこが違うのでしょうか。

ヒントは私が「椅子に座っている子」と書いたところにあります。なぜ「椅子に座って先生のいうことをきいている子」としなかったのか。理由は静かに座っている子が、かならずしも先生の話をよくきいているとは限らないからです。それは大人とて同じです。

静かにできる子は、たとえ退屈な気分でいたとしても「きいているふり」ができるのです。

どういうことでしょう。

その子は先生のほうに顔を前に向けて着席して、まったく別の何かについて考えているのです。その子は想像力が豊かな子なのです。

逆に想像する、空想する力が弱いと、「きいているふり」などできません。自分の内面にある退屈さに耐えられず、新たな刺激や興味の対象を求めて歩きまわるか、それとも声を上げて刺激を自分でつくりだすしかなくなるのです。

私の子供のころは、たとえ外でみんなで遊んでいても、砂場で遊ぶときも一人の世界にこもっていましたし、地面に釘で絵を描いて自分の物語をつくりあげようとしました。しかし今では、そうした外遊びはほとんどなくなりました。最近では外遊びの運動不足を懸念して体操教室に通う幼児もたくさんいます。

しかし外遊びの目的は、運動能力を育てることだけではありません。他者とコミュニケーションをとる経験を積むというだけでもありません。一人の世界を創造する体験を育んでいくことも目的の一つなのです。

体操教室やお稽古ごとに行っても、そこはあたえられた課題をこなしていくための場であって、自分の世界にこもるような時間はありません。

そうなるとやはり、子供のための想像や空想の時間はなくなります。やはり私は住まいの中で、それをつくっていくしかない、と思うのです。

小説『エミール』などで知られる一八世紀のフランスの思想家、ジャン・ジャック・ルソーは、晩年、迫害を受けた逃亡先で『孤独な散歩者の夢想』を書きます。彼はとある島で、ただひたすら散歩と思索にふける日々を送っていたのですが、そのひときこそが至福のときだったと書いています。

これを「無為の時間」（ファル・ニエンテ）と呼びました。ただひたすら夢想にふける時間こそ、人間的で創造的な体験ができるということです。

これは子供にこそあてはまることなのです。

孤独な子供はほんとうにかわいそう？

フランスの哲学者、ガストン・バシュラールは『空間の詩学』（岩村行雄訳）の中でこういうふうにいっています。

「孤独を所有した子供、ほんとうに孤独を所有した子供は幸せだ。子供が退屈な時間をもち、度はずれた遊びと理由のない退屈、すなわち純粋な退屈の弁証法を経験することはよいことだし、また健康でもある」

このさりげなくおだやかな口調の中に、実に激しい主張がもりこまれています。大人ではなく子供を孤独と結びつけ、それを「幸せだ」といいきったところなどは、いったいどういうことかと、首をかしげてしまう人もいるでしょう。「孤独な子供」なんて、かわいそうなだけじゃないかと。

しかしヨーロッパでは、ことにフランスでは「孤独」という言葉を日本人ほど否定的にとらえてはいません。ルソーもみずからを「孤独な散歩者」と表現しましたが、そこで同情をかおうというような意識はまったく見られません。

あるとき私は、フランスから来日した女性をレストランに案内したことがあります。彼女は日本語がよくできる人で、いろいろ話に花が咲きましたが、そのとき「私は孤独が好きです」と、明瞭な日本語でいわれて、私はなんと答えていいか分からず、ただほほえみ返すしかありませんでした。孤独を肯定的に、どこか愉しい体験でもあるかのように語るその表情に、とまどったことを覚えています。

人とのつながりが途切れた瞬間、孤独感におそわれて、私たちはすぐに新しいつながりを求めて動き出したり、悩んだりします。

しかし本来、孤独というのは、このかけがえのない自分＝個人に立ちもどることができる、一つの「贅沢」な時間でもあるのです。そこに存在するのは自分の内面だけです。だから人は本気で内省したり、思索したりできる。他人の言葉や情報、外部からの刺激、そうしたものが遮断されたときのかるい孤独は、その人を「個」としての自分に引き戻してくれるのです。

個人主義というと、私たちはわがままな利己主義と同一視してしまうことがありますが、個人主義は孤独や孤立をむしろ良いものとしてとらえるような、内面の強さをかねそなえたものです。それは授業で先生の話をきいているふりをしながら、じつは頭の中で夢想できるような、生きていく上で必要な人間としての「強さ」を含むものなのです。

体の内側を言葉がめぐる、そんな部屋がいい

先に紹介したバシュラールは、子供が孤独と退屈を実感するのはどこかと問い、それは「屋根裏部屋」の片隅だと答えています。かつてフランスなどでは屋根裏部屋は物置や子供の寝室にしたそうですから、これは子供部屋と考えるのがいいでしょう。

退屈を実感するのはそんな個室です。だからそこを飛び出て、外にわくわくするような体験を求めさまようのが、理想的な子供時代の姿でしょう。しかし、外は雨や雪だったり、遊ぶ友もいないときは、しかたなく個室にこもらなければならない。そうすると子供は、そこで退屈を実感し、夢想することを覚える。それしかやりようがないのです。

退屈というマイナスの時間が、じつは人間としてもっとも豊かな時間となる。個の成長の糧となるわけです。

しかし現代の子供には退屈する暇がありません。これはじつはとても不幸なことかもしれない、と私は思います。そのまま大人になると、他人との関わりも多くなり、毎日大量の情報を受けとり対応しなければならない。彼らはいったいいつ、内省したり想像したり思索したりする力を手に入れるのでしょうか。

現代社会はコミュニケーションや人とつながる言葉は重視しますが、反面、その人の内側をめぐる言葉にはとても冷淡になりました。

人が思い悩んでいる瞬間、あるいは思索にふけっているときは、言葉が内側を激しくめぐっています。しかしそれは、外から見ると、まったくムダな時間を過ごしているとしかみえません。

しかし人間は、この内側をめぐる言葉によって、自分をふり返ったり、これからのことを考えたり、心に渦巻くもやもやとした感情に向き合ったりできるのです。

子供が玩具で一人遊びをしているときも、内側には激しく言葉がめぐっている。大人がそれをムダだとして、教育のためだと英語のアニメーションをみせたり、教材を押しつけたりすることは、ひどく暴力的ですらあります。

やはり子供時代にこそ、この夢想する時間をつくり、大人になるにつれて、それを内省する力や思索する力に発展させていくことが必要なのです。

そのためにはバシュラールがいうように「屋根裏部屋」が最適です。もちろん日本の住まいには屋根裏部屋はほとんどありません。ここでいう意味は個室ということです。子供専用の個室、すなわち子供部屋です。

子供の個室の重要性はますます高くなる

いよいよ子供部屋の価値について話をするときになりました。

子供部屋がいるか、いらないかと問われると、まちがいなく必要だと答えるしかありません。少なくともその子供だけの、だれからも邪魔されない居場所はどこかに必要です。

ここでMさんが雑誌の取材で体験したあるエピソードを紹介します。

三歳の男の子の部屋を撮影しようとしたときです。画面の真ん中にくる屑入れが邪魔になります。それは特に子供向けのものではなく、どこの家庭にもあるような小さな四角い屑入れでした。

「それを部屋の隅のカメラのアングルに入らない場所に移したのです。そうすると、部屋の外で見ていた子供がダーッと走って私の脇をすり抜け、その屑入れをまた部屋の真ん中にもどしたんです。どう説得しても無理でした」

その家庭では自室を子供がどう使おうが、整理整頓さえできていれば、あとは本人に任せているということでした。

「きっと、その子なりに理由があるんですね。そうやってあらためて子供部屋を見ると、屑入れの位置にその子の意志が反映されていて、部屋全体が子供の個性になっているんだと思いました」

「彼らなりの秩序をつくりあげる。だからそれを勝手に壊されると反発する。しかしそれは成長の一過程であり、すばらしいことですね」

「自分のテリトリーで秩序づくりを学習しているということですか?」

「家族は家がなければ、それぞれがバラバラなまとまりのない存在になる。個人も部屋がなければ、その人の思考をまとまりのあるものにできない。個室は子供の思考力を磨くのに必要なひとりの空間だと思います」

「でも乱雑で整理整頓がゆきとどいていない子供部屋なんてたくさんありますね」

「そういう部屋では、落ちついてものを考えたり、集中して何かに取り組んだりできない」

「それは親も分かっている。でも、片づけて整理整頓しなさいといっても、なかなかいうことをきかないということもありますよ」

「子供部屋が子供の自立を促し、個性を育てるということに一役も二役もかうことは間違いない。しかし好き勝手にやらせていいわけじゃないんです。あくまでここは親の家だということをはっきりさせないといけない。だから、その一部である子供の部屋も、勝手に使っていいわけじゃない。欧米はその点は明確で、子供はやがて自立して出ていくものだという意識につながっています」

「私はやっぱり子供部屋を与える時期の問題が大きいと思います」とMさんがいった。

彼女がいうのは、欧米では一歳のころにはほとんどが自室で寝起きするようになる。しかし日本では三、四歳のころが多く、なかには小学校に入っても、まだ子供部屋がありながら、独り寝できない子もいる。子供部屋に入るのが遅くなると、どうしても好き勝手に部屋を使うようになりやすい。

「親と子の関係というのは、つきつめると力の関係です。一人歩きしたり、言葉が出てきたりするころになると、親のいうことが分かりはじめる。そのときに、部屋の使い方、独り寝を躾ていくというのがいいと思うんです」と、Mさん。

「どうして、赤ん坊じゃだめなんだろう？」

「いっても分からないからです」

「では、幼児ならなぜいいのか？」

「親のいうことは理解できるし、幼児期はまだ圧倒的に親の力が上でしょ？」

「一度、子供のときに刷りこんでおけば、たしかに反抗期になっても、簡単には覆せないかもしれないですね」

「前にもお話ししましたが、子供が自分の部屋を欲しいといいだしてから与えるという親もいます。一般的には小学校の中学年くらいでしょうか」

「よほど腰をすえてやらないと、好き勝手にするということになりかねないね」

「自分で部屋が欲しいといいだすころは、もう十分に反抗心が育っているし、親の思い通りに部屋を使うようにするのはむずかしいでしょうね」とMさんは結んだ。

この章では子供には退屈な時間が重要で、それが空想する力や想像力を生むということをみてきました。小一プロブレムのような人の話を聞けない、落ち着きのない子というのは、一人で遊び、考えるという力が弱いのではないか。そのように思います。だとすると、やはり一人で考える力をつくるには子供部屋が必要であり、それはできるだけ早くから与えるのがいい。これが私の結論です。

個室は大人も子供も関係なく、一人の世界をつくる空間的な砦のようなものです。それがあってこそ、他者との関係をうまく築ける「個」を確立できるのです。

最も人間的な瞬間である「退屈」さを奪う現代社会に生きる子供だからこそ、個室としての子供部屋の役割は、ますます重要になっていると思います。子供部屋に入る時間が少なくなっているからこそ、逆にその短い時間を、だれにもどこにもつながらない充実した個の時間とできる個室が必要なのです。

この本は子供部屋に明確な意味を与えること、日本の子供部屋の定義をつくることを目指してきました。

今それをまとめると、こうなります。

子供部屋は一人の人間として強く生きていける「個」としての成長を促す空間であること。

そこはやがて子供が自立し出ていく空間であり、その後に懐かしさを覚えるような、その子だけの記憶が刻まれるような空間であること。

子供部屋の役割は、いい夢がみられる安心できる睡眠空間であることと、人の空想や思索を許す誰にも邪魔されない空間であること、それにつきるのです。

第七章

子供が好きになる部屋

せっかくの子供部屋だから、
そこで楽しく過ごして欲しい。
がんばって勉強して欲しい。
そう考えるのは当然です。
でも、なんの工夫もなく与えるのはいけません。
やっぱり子供部屋にも
ささやかな演出が必要です。

ある感動的な住まいの作文

以前、住まいをテーマにした作文コンテストの入賞作を読む機会がありました。その作品のすばらしさは今も忘れません。記憶のままに、かいつまんで中身を紹介しますと、それは両親と三人姉妹の家族の話です。すでに三人の娘さんたちはそれぞれ独立して家を出ています。残った両親は、彼女たちが生まれた家でそのまま暮らしていました。三人姉妹のうちの次女、Aさんの回想で話は始まります。

三人姉妹は大の仲良しで、子供のころはそれはそれは賑やかな家だったそうです。特にみんなお絵かきが好きで、いつも三人そろって描いていた。しかし勢いあまって、壁に落書きしてしまうので、お父さんは一計を案じました。

彼は大胆にも、居間の壁に大きな模造紙を糊で貼って、そこをお絵かきのキャンバスにしてしまったのです。このユニークな試みに姉妹はたちまち虜になってしまいます。クレヨンを手に競い合ってお絵かきをしました。一枚がカラフルな絵でいっぱいになると、その横にスペースをつくってまた紙を貼り、キャンバスにしました。そこがいっぱいになると、今度は上に新しい紙を貼りつけて再びキャンバスをつくります。そうやって、姉妹の絵で満たされた紙はどんどん増えて、壁の表面は厚くなっていきました。

やがて姉妹は成長し、興味は別の遊びに移っていきます。いらなくなったキャンバスの上には新しい壁がつくられて、Aさんと姉妹の子供時代の痕跡はしっかり封印されました。

それから数十年がたち、古くなった住まいは解体されることになりました。寒い真冬の日でしたが、空は晴れ渡っていました。両親にくわえて、大人になり巣立っていった姉妹も集まってきました。

家族五人が見守る中、慣れ親しんだ家にユンボが牙をむいて襲いかかります。古くていたるところが傷んでいて、不便で仕方がなかった家ですが、いざ屋根がはぎ取られ、玄関のドアも引きちぎられていく姿を見ると、Aさんは胸がしめつけられる思いでした。

解体がだいぶ進んだとき、Aさんはハッと息をのみます。ユンボの爪ではがされた壁の裏から白いものが少しのぞいたのです。まばゆいほどの白さでした。さらに壁がはがされると、クレヨンで描かれた絵があらわれました。つい昨日描かれたかのように色鮮やかに、冬の光の中に浮かび上がりました。

Aさんは叫びながらユンボの動きを止めると、がれきの中に飛びこみました……。

そのとき三人姉妹は涙が止まらなかったといいます。記念に模造紙の貼られた壁のかけらを持ち帰ったそうです。

壁一面がキャンバスという子供部屋

この話を思い起こすたびに、住まいは家族の記憶装置だということを再確認させられます。私たちは写真やムービーカメラの映像に家族の姿を記録します。しかしそれには、住まいに刻まれた家族の記憶ほどの深みや強さはありません。なぜなら住まいは、喜びとともに悲しみも刻み込んでいくからなのだと思います。

住まいは家族を記憶しますが、個室は個人を記憶します。子供部屋はそこに暮らした人の子供時代を色濃く記憶するのです。

この作文が教えているのは住まいと記憶の関係です。幼児期につくられた住まいにたいする記憶は、とても強いものがあるということです。

もし子供部屋がかけがえのない記憶の場所になるとすると、なんとすばらしいことでしょうか。

この作文にはもう一つ、子供部屋を魅力的な空間にするヒントがあります。子供が夢中になること、お絵かきや玩具での遊びなどを子供部屋に限定すると、おそらくその子は子供部屋が一番好きな場所になるに違いありません。

たとえば子供部屋の壁を、お絵かきのキャンバスにするということもできます。できればホワイトボードのような、すぐに消すことができるものではなくて、紙のような自分の書いたものがずっと残るものがいいでしょう。また大きさも作文に書かれたお父さんがやったように、模造紙のような大きなものを壁一面に貼るのもいいと思います。

ほとんどの子供たちは、まず円をぐるぐる描くことからお絵かきを始めます。飽きたらそれで終わりになり、また次は新しい紙に円を描き始める。やがて子供の内面が成長していくと、親の導きしだいでは前の日に描いた絵に、新たな絵を描き加えることもできるようになります。そうしてあいている場所をつぎつぎに絵で埋めていく。そんな喜びを見つけたりするでしょう。

もしもそれに成功すると、子供部屋の壁が自分の絵でいっぱいということにも。それでもまだ描きたいというときは、新しい紙を貼ればいいのです。

ファンタジーで演出する子供部屋

子供部屋にはベッドが必要です。それに小さい子なら座卓の一つもあればそれですむのですが、子供が気に入らなければ部屋に「居着いて」もらうのに苦労します。子供が好きな部屋になるかどうかがたいせつです。

子供部屋を、わが子が気に入るかどうかということに心を配るお母さん、お父さんは案外少ないように思えます。

というのも「どうせ寝るだけだから」というような、中途半端な考えで個室をみているからではないでしょうか。

しかし子供部屋は、わが子がそこで大人になっていくための大事な「場」です。親への依頼心を自立心にかえていくための個室なのです。そのためにはまず部屋自体を子供が好きになる必要があります。

その点、欧米の子供部屋は徹底しています。海外の映画にはよく子供部屋が登場しますが、とってもファンタジックな、いかにもその世代の子供が喜びそうなインテリアであふれている空間がほとんどです。子供部屋らしく見せるという映画的な演出もほどこされてはいるのですが、だからといって現実とかけ離れていてはいけないので、かなりリアルなインテリアになっていると思います。

世界中の子供部屋を集めたあるムックをめくると、そんな楽しい個室がたくさん出てきます。概して全体がカラフルで、まるで子供向けの小さなテーマパークのようで

重厚感のある花柄のカーテンに、
猫脚の白い家具など、
女の子の夢が詰まった部屋。

【写真提供／学研プラス、撮影／滝浦 哲】

機能的な棚やテーブルが揃い、読書やお絵かきなど好きなことに没頭できる。

大好きな動物のぬいぐるみでいっぱいにして、お気に入りの空間に。

【写真提供(2点とも)／学研プラス、撮影／滝浦 哲】

す。おもちゃのバスケットゴールやブランコのある部屋、家族写真がいっぱい貼られた部屋、天蓋があるベッド、子供の名前を記したプレートがかかる部屋など、ともかく子供が喜ぶ演出がたくさんあります。

それらの写真を眺めていると、その恵まれた子供たちのことよりも、インテリアやさまざまなグッズを揃えてあげた親の意欲を感じます。

ともかく「名前を呼んでも出てこない」ほど子供が好きな部屋をつくる、という感じなのです。けっきょくはそれが自立への第一歩ということなのでしょう。

このファンタジックな部屋について、Mさんの感想を求めました。

「こんな部屋がどんどん出てくるといいと思うんですよ」

「日本にもファンシーな子供部屋を試みるお母さんもいなくはないですが、ちょっとおかしな方向に行く人もいます」

Mさんは、ある地方都市で活躍する一人のインテリアデザイナーが、子供部屋の内観をすべてまかされたときのエピソードを教えてくれた。

デザイナーは、お母さんのイメージ通りにヨーロッパ風の天蓋のあるベッドをとりよせて、クロスも天井は青、壁は薄い緑色で統一した。本棚が欲しいということで壁に作りつけの棚をこしらえた。

ベッドの上につけられた天蓋がお姫様気分を演出する。

テントは、狭い空間を好む子供の想像力を刺激するのに最適なアイテム。

【写真提供(3点とも)／学研プラス、撮影／滝浦 哲】

1940年代の小学校で使われていた机など
アンティークな家具が並ぶ。

けれどお母さんは満足できない。本棚にならべる本がないというのです。それでデザイナーに絵本を集めるようにと指示をだしてきた。デザイナーはそれはお母さんの役割だろうと思ったが、「ではどんな作家の本に？」ときくと、「洋書の絵本」とひと言かえってきただけだったといいます。

「インテリア雑誌のグラビアを飾るようなオシャレな部屋にしたいということだけだったんです」とMさん。

「親が子離れできないで、いつまでもそばに置きたいと、幼児期をすぎようというころになっても独り寝させないというのも困るが、そのケースは逆で子供部屋も親のファッションの一つという感じでよくないですね」

「ファンシーな子供部屋というのは、子供の成長にあわせてインテリアを変えなければならない。その費用や手間もじつは大変なんですよ」

「別に豪華であったり、写真写りのいいような部屋にする必要はないでしょ。子供の好きなキャラクターグッズ、ぬいぐるみ、ポスターを利用するとか、玩具を使った遊び、お絵かきは子供部屋だけでやるといった決めごとや、工夫があればいいんですよね」

狭いからこそ良い子供部屋もある

もう一つ大人が忘れていることは、子供は小さいということです。「何をあたりまえのことを」と思われるかもしれませんが、たとえば身長が大人の半分だと、高さ二メートルの天井は倍の四メートルに感じるのです。床の縦、横の長さも同じで、大人よりずっと広く感じている。容積に換算すると三乗になる。

子供はまず自分のテリトリーを確定しようとします。それがはっきりしていないと不安なのです。たいていの個室は幼児がテリトリーとするには広すぎる。じつはもっと狭くていい。広すぎるから居着かない、すぐ出てくるということがあります。

しかし子供にあわせて小さな部屋をつくるわけにはいかない。たとえば天井の高さが一メートルしかないような部屋は、建築を規制する法律で個室とすることは禁止されています。

であれば、たとえば子供部屋の中に子供が大好きなテントを持ちこんだり、段ボールでもう一つの子供部屋をつくってみてもいいでしょう。彼らは喜んで入ります。それらをリビングなどに置く必要はないのです。

また海外の子供部屋の例では、天井の明かりを通すような薄い布で天幕をつくり、天井から吊した部屋がいくつかありました。これは天井が低いと子供が安心するという心理をついたものだと思いました。それなら、すぐにでもできそうです。

では、子供部屋の広さはどれくらいあるといいのでしょうか。

日本の子供部屋は、だいたい六畳から八畳くらいが平均的だといえます。もちろんそれ以上広い部屋を子供に与えている例もあります。

今から四五年ほど前、私が中学生のころ友達に、広い自室をもった裕福な家の子がいました。階段を上がりドアを入ると一〇畳ほどの板張りの部屋があり、そこには机と本棚が置かれているだけで、あいているスペースで相撲だってとれそうなほど広いのです。

さらに奥に四畳ばかりのベッドルームがある。まるでホテルのスイートルーム状態です。しかも彼専用のトイレが部屋のすぐそばにある。うらやましかったのですが、仲間がたくさん集まってきて、壁にスプレーで落書きし放題。まったくひどいありさまでした。

これなどは広くてりっぱな子供部屋が、子供の成長には役立っていなかったという例かもしれません。

子供部屋の広さについてMさんと話し合ってみました。

「私は子供部屋は四畳半でも、三畳だっていいと思います」

これが私の持論です。

「しかし三畳では、小さいころはいいとしても、勉強するには狭苦しいでしょう」と
Mさんが首をかしげた。

「高校生くらいになると、しだいに家にいる時間そのものが少なくなる。もちろん子供部屋にも。だからいいのです」

子供が小さいころは、彼らが好むような狭い部屋がいい。そこに居ついて自立心を養って欲しい。反対に思春期以降は狭すぎるくらいの部屋がかえっていいというのが、私の考えです。

「どうしてですか?」

「引きこもりが問題になるとすると、だいたいそのころからです。だからこそ狭すぎて、外に出たくなるくらいの広さがいいんです。ほんとうに勉強する気なら、狭い部屋でもできるし、いまは外にもいろいろな場所があるわけですから」

さらに狭い子供部屋の利点は、夫婦の寝室と格差があることが一目瞭然だということです。

日本の住まいの場合、それぞれの個室のドアは同じという場合が多い。見た目には

子供も大人も同じ程度の部屋に暮らしています。しかし一歩中に入ると、夫婦の寝室のほうが狭苦しいという場合が多いのです。大人二人用の部屋なのに子供一人の部屋より少し広いだけ、ということもあります。

そもそも子供部屋と大人の部屋はドア一枚にしても、格差をつけていいのだと私は思います。子供は大人との格差の中で、早く自立して大人になろう、いつかもっとりっぱな自分の部屋をもとうという意識をもつのではないでしょうか。

もしも家の中では、子供の自分のほうが大人の親たちより空間的に優遇されていると感じながら育つと、その子はむしろずっと子供のままでいたいなどと考えてしまうかもしれません。

最後に、部屋のドアという話が出たついでに、私の一つの体験についてお話しします。

二〇年ほど前に引っ越しをしたときのことです。その当時、特製の大きな机を使っていました。それを新しく仕事部屋にする個室に入れようとしたら大きすぎて入りません。

すると引っ越し屋さんは、手際よくドアそのものをはずしてしまったのです。それでどうにか机を運びこむことができました。

部屋のドアというのは、たいてい簡単に取り外しができるのだということを、そのとき初めて知ったのです。

小さい子供を個室に移すというときまだ少し不安なら、いっそドアを取り外してみたらどうでしょうか。しばらくドアのないままの個室で生活させて、様子を見てからドアを取りつけることもできるのです。

まず、何よりも子供に個室での生活に慣れさせることが大切なのですから。

最後にこの本のまとめをひとこと。

まず何より子供が好きになる子供部屋をつくることです。やがてそこは空想をめぐらしたり、勉強したり、リラックスしたりできる、その子にとって世界最良の空間になるでしょう。子供部屋に子供がいる時間はあっというまにすぎていきます。

その短い時間がその子にとって、すばらしいときでありますように！

子供部屋、万歳！

住まいの中でもっとも曖昧で、つかみどころのない空間が子供部屋です。ところが不思議とりっぱで、案外広い部屋だったりして、どこかちぐはぐな感じです。

きっと私たちは、子供部屋のもつ意味の重さとその価値を、無意識にも感づいているのです。しかしそれをはっきりと言葉にすることができない。子供部屋にたいするちぐはぐさ、ゆらぎ、不安はすべてそこからきています。

それも、もっともなことだと思います。あたりをみわたせば「人とつながること」「絆」など、外向きの言葉ばかりが目につきます。そのために子供たちもまず、上手に「コミュニケーション」できるようになることが何より大事だと教えられます。それさえできれば、すべてがうまくいくかのようです。

しかしそれは真っ赤な嘘です。

そもそも、その人に「能力」がなければ相手をきちんと理解できないし、魅力がなければ相手もまたその人を理解しようとは考えないでしょう。だいいち能力と魅力がない人には、コミュニケーションの機会すらないかもしれません。

子供部屋は子供にとって、すべての他者、情報から逃れられる唯一の場所となります。おおげさにいうと、子供は四角い空間の中で世界の主体になるのです。その時間の積み重ねのなかで、彼や彼女たちは少しずつ知性や心を磨いていくことができます。人間には自分の力だけで成長する瞬間がいるのです。つまり必要不可欠なのが誰にもじゃまされない子供部屋ということになります。

こんなことをいうと、いや「かつて」は子供部屋などなかった。それでも社会的に成功をおさめた人もいれば、みんなりっぱに人生をまっとうした。そんな反論が聞こえてきそうです。たしかにその通りです。

しかしそれはあたりまえのことなのです。昔は、一人になる場所、居場所がいたるところにありました。私はよく一人家で、留守番をさせられたりしましたし、幼いころは縁側の片隅が自分の居場所ときめて密かに陣地を守っていました。外に出ても、一人の居場所は空き地の片隅や川縁の堤防の上など、どこにでもありました。昭和の時代にはまだそんな場所や子供が一人でいる時間が、どこにでも残っていました。

きっと成功した人や社会的評価を受けた人も、子供のころに、どこかの場所で「一人であること」をかみしめて、人生をきりひらくのは自分の力でしかないのだということを、しっかり理解したはずです。

ところが現代ではどうでしょう。公園で一人遊びする子など見かけることはなくなりましたし、留守番さえも子供一人では危険だといわれるくらいです。

現代は子供とて、一人の時間を手に入れるのがとてもむずかしい時代なのです。

もし子供部屋という個室がなければ、その子はどこで一人になり、自分を見つめ、なにものにも頼らずに考え、自力で成長する力を得られるでしょうか。

個室がなければ心は散乱したままで、一人の時間がなければ思考はまとまりません。個室が個人を育てます。

現代の子供は、騒がしく、忙しく、せき立てられるような毎日の中で生きています。だからこそ自分一人になれる個室が必要なのです。

今、外は激しい冷たい雨が降っています。私は雨音を聞きながら、暖かい部屋で、パソコンに向かいこの「あとがき」を書いています。だれにも邪魔されることのない、自分に没頭できる孤独な時間を心地よく感じています。ちょっと幸せです。

こんな同じような瞬間を、子供たちが子供部屋でたくさん体験できることを願っています。

子供部屋、万歳！

藤原智美

【図録】

子供を伸ばす 間取りコレクション

編集部監修

十人十色という言葉どおり、子供とその家族のあり方は、
それこそ千差万別です。
ここでは、どんな間取りでどのような子供部屋にするか、
頭を悩ませている読者のために、
編集部厳選のバラエティーに富んだ事例を紹介します。

好きなことに夢中になれる 2階ロフトの子供部屋

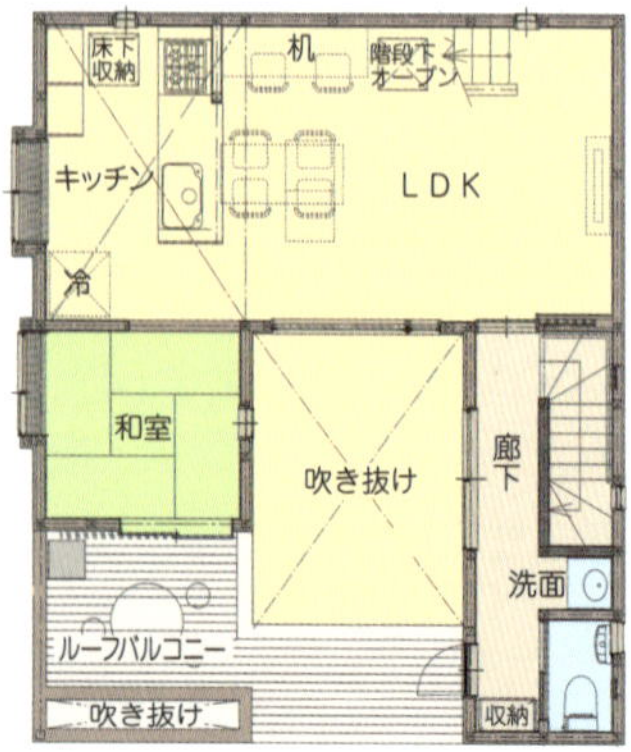

2階

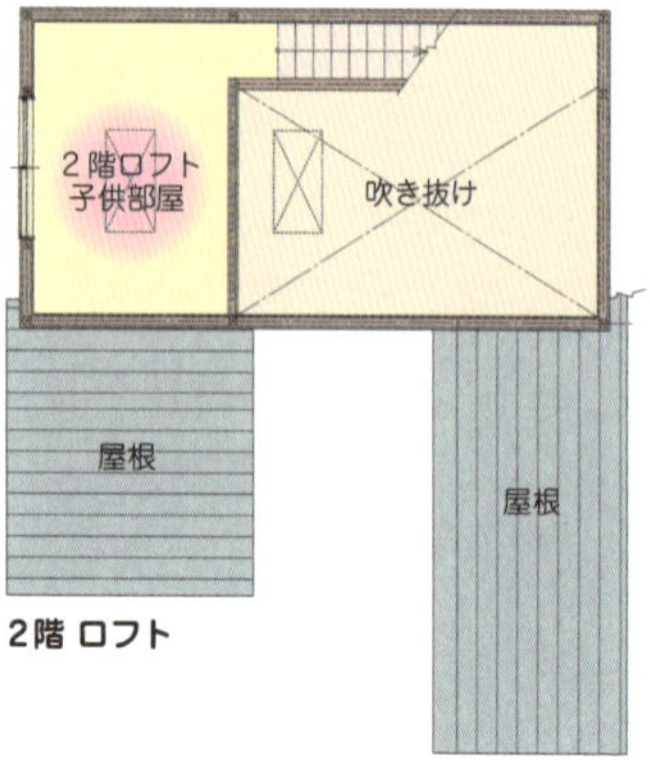

2階 ロフト

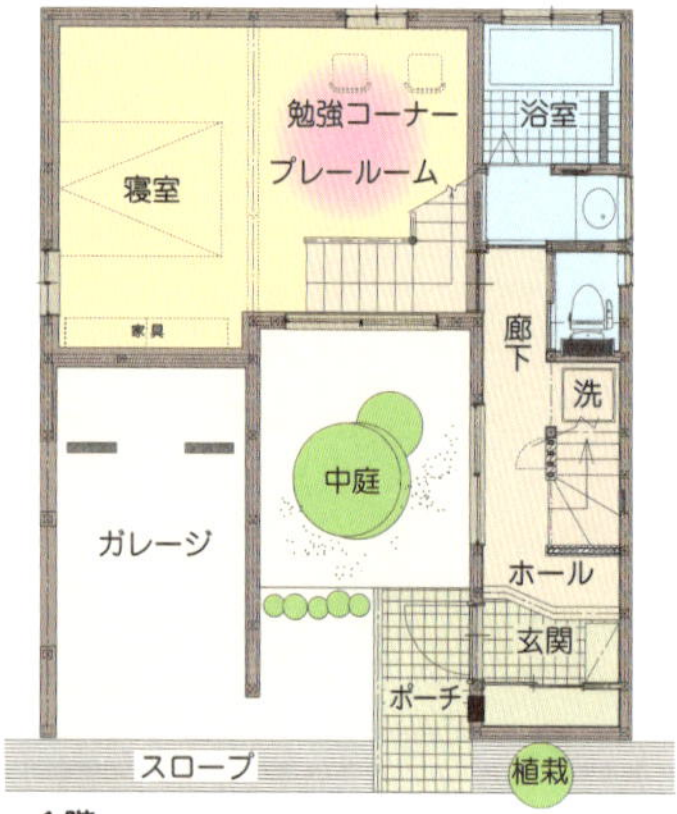

1階

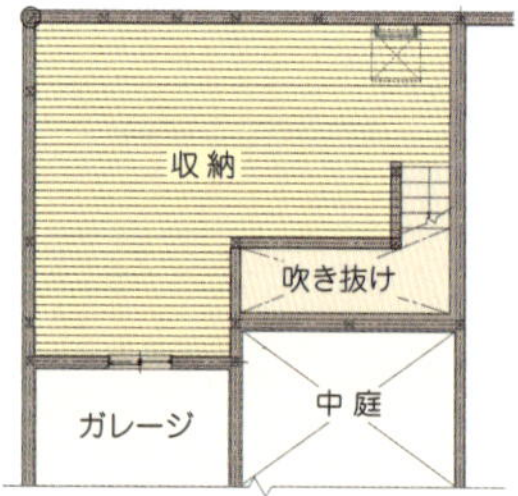

1階 ロフト

2階のリビング・ダイニングの上は吹き抜けになっていて、階段でロフトの子供部屋へとつながる。ロフトは、子供たちにとって秘密基地的な空間となり、その想像力を刺激する。また、2階にルーフバルコニーを設けることで、室内外を巡る回遊動線を実現。子供たちは中庭上部を中心にエンドレスに走り回ることができる。

【写真／スズキカズヒロ】

2階ロフトの子供部屋は、お
気に入りのものでいっぱい。

中庭が住まいに安
らぎをもたらす。

ルーフバルコニー
で回遊動線を実現。

2階のLDK。写真上部が2
階ロフトの子供部屋。

2階ロフトの子供部屋から
LDKを見下ろす。

子供が成長したら
二つの子供部屋に変更

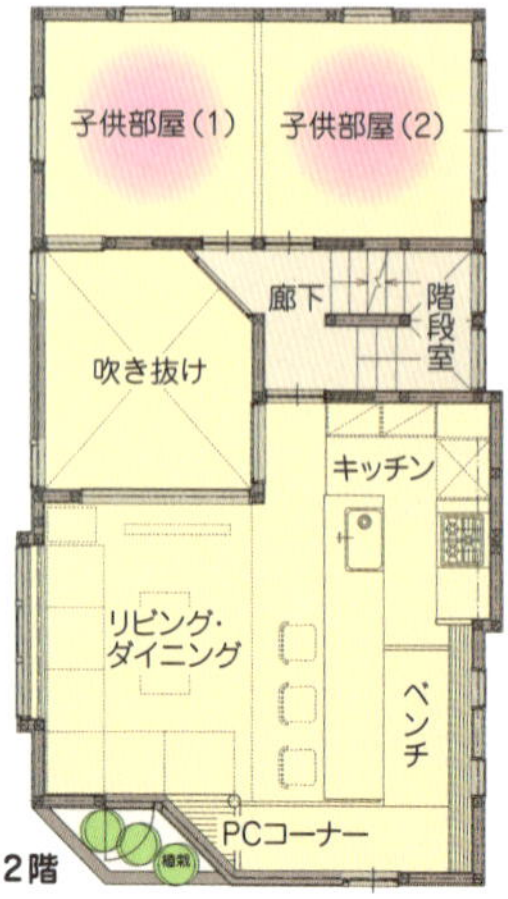

2階

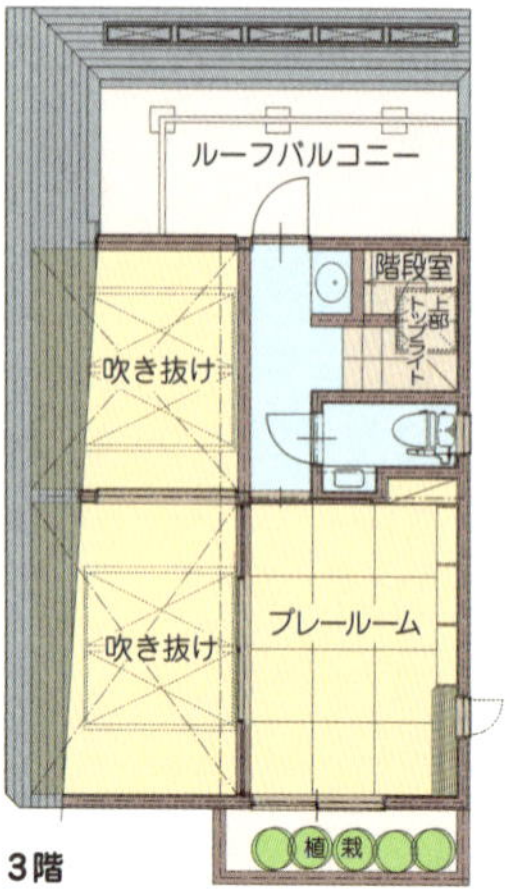

3階

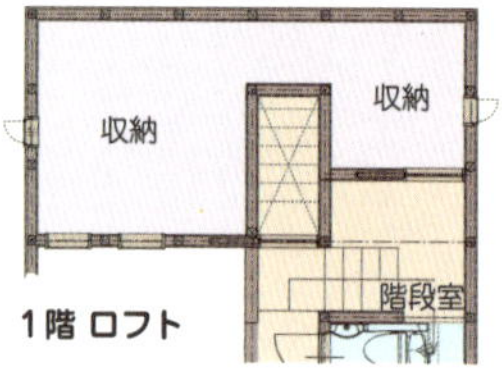

1階 ロフト

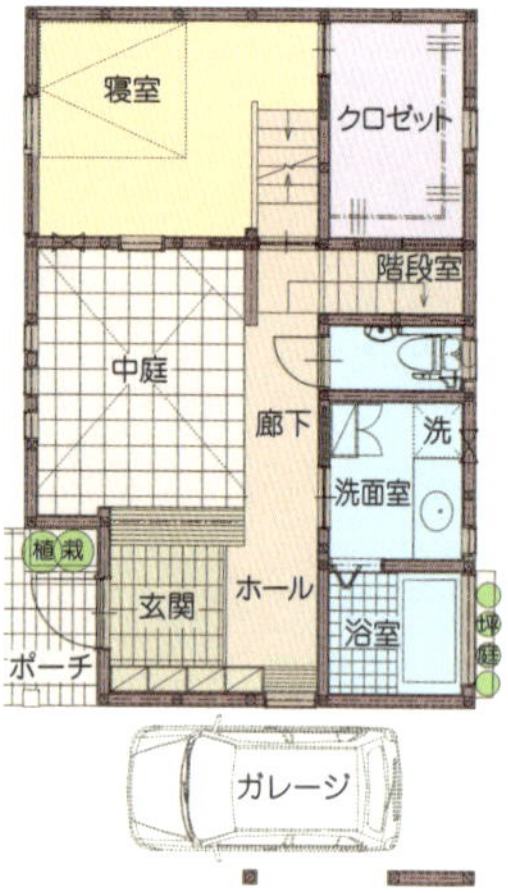

1階

2階の子供部屋は、現時点では子供が小さいため、一つの空間として使用しているが、予め入り口のドアを二つ用意しているので、将来的には、二つの子供部屋として活用する。また、2階のキッチン上にも、プレールームを設け、子供だけで過ごす空間を増やすことで、その自立を促すよう工夫している。子供部屋の出入り口にはあえて引き戸を採用。開け放しておけば、中庭上部の吹き抜けを介して、リビング・ダイニングにいる両親と気配を感じ合うことができる。

【写真／スズキカズヒロ】

2階LDKのキッチン上に見えるのがプレールーム。

二人一緒に使用している子供部屋は将来は二つの空間に。

子供部屋から吹き抜けを介してリビング・ダイニングを臨む。

2階廊下の本棚が
家族交流の場所に

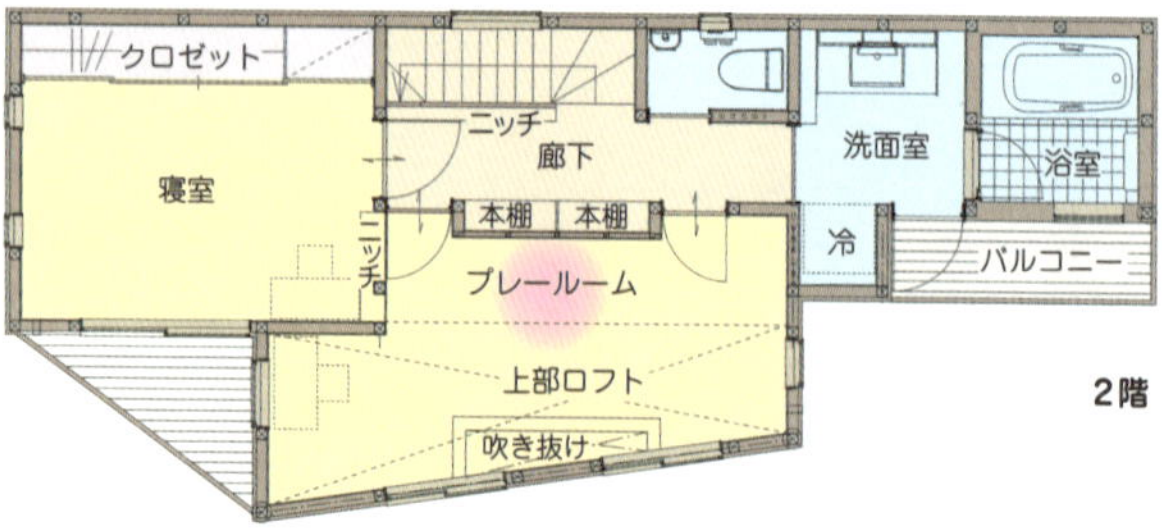

2階

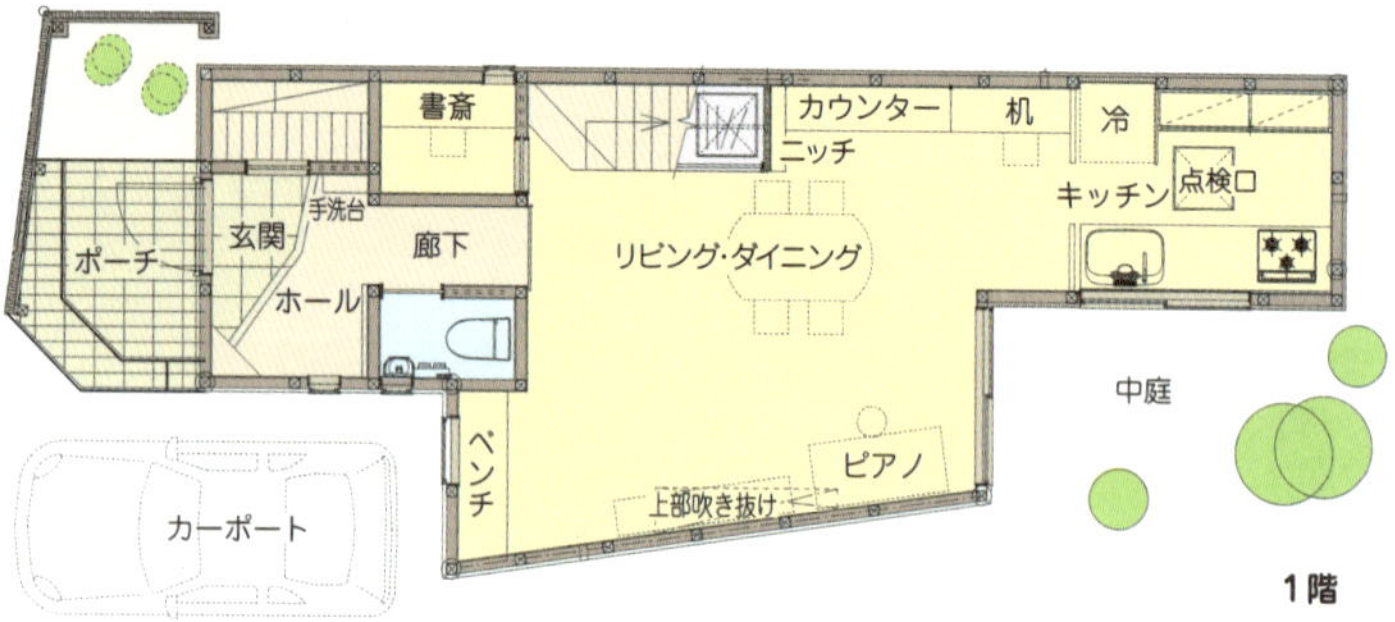

1階

上部にロフトを設けた2階のプレールームは、子供が成長すれば子供部屋に変更する。この部屋のポイントは、小さなスリットを介して1階のリビング・ダイニングとつながっていること。上下階での家族のコミュニケーションを実現している。また、2階の廊下に大きな本棚を設置することで、親子の好きなものここに集め、将来的には家族が交流できる場所となるよう、プランニングされている。

【写真／スズキカズヒロ】

ロフトつきのプレールームは、幼い子供の格好の遊びとなる。

2階の廊下に本棚を設け、家族交流の場を創出。

［上］2階プレールームに設けられたスリットを介し、［右］1階のLDK空間とつながる。床は素足にやさしい無垢板張り。

家族の集うリビングを
暫定の子供部屋として活用

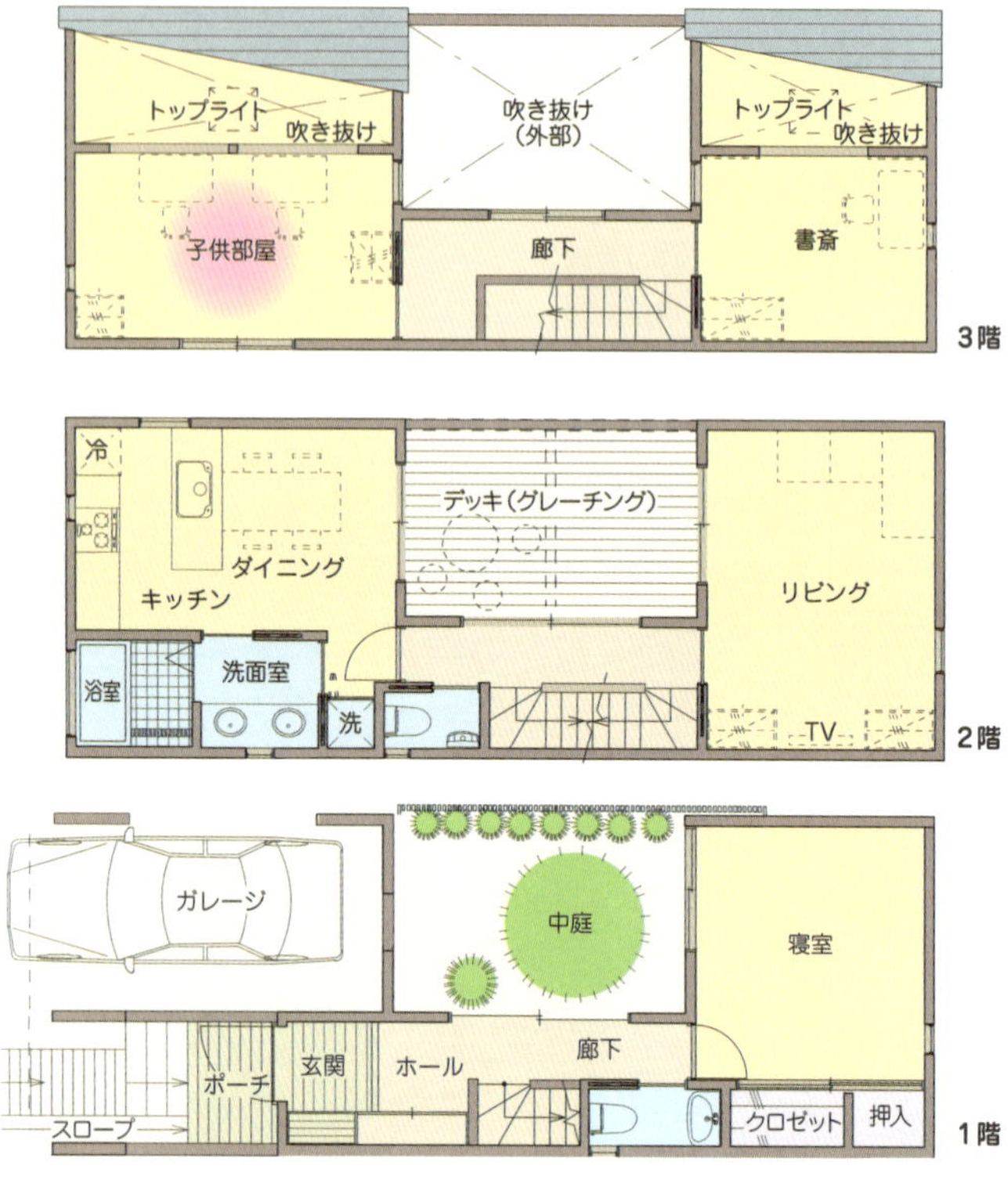

中庭の2階部分にグレーチングのデッキを設け、向かい合うように配置したリビングとダイニング・キッチンは外部からも行き来できる。3階に設けられた子供部屋は、吹き抜けを介してダイニング・キッチンとつながる。リビングは暫定的に姉妹の子供部屋としてフレキシブルに活用されている。

【写真／スズキカズヒロ】

居心地のいいリビングは、現在は姉妹の子供部屋として使われている。

中庭上の2階に設置されたグレーチングのデッキは1階にも光を導く。

明るいDKは上部の吹き抜けを介して子供部屋とつながる。

ロフトつきのワークショップが子供部屋として機能

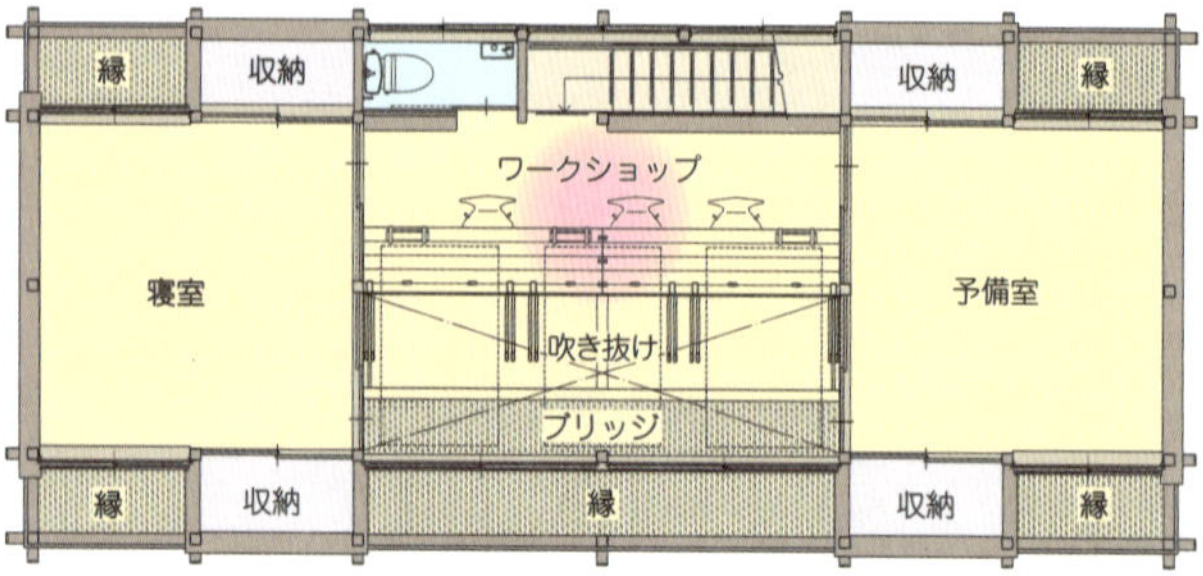

2階

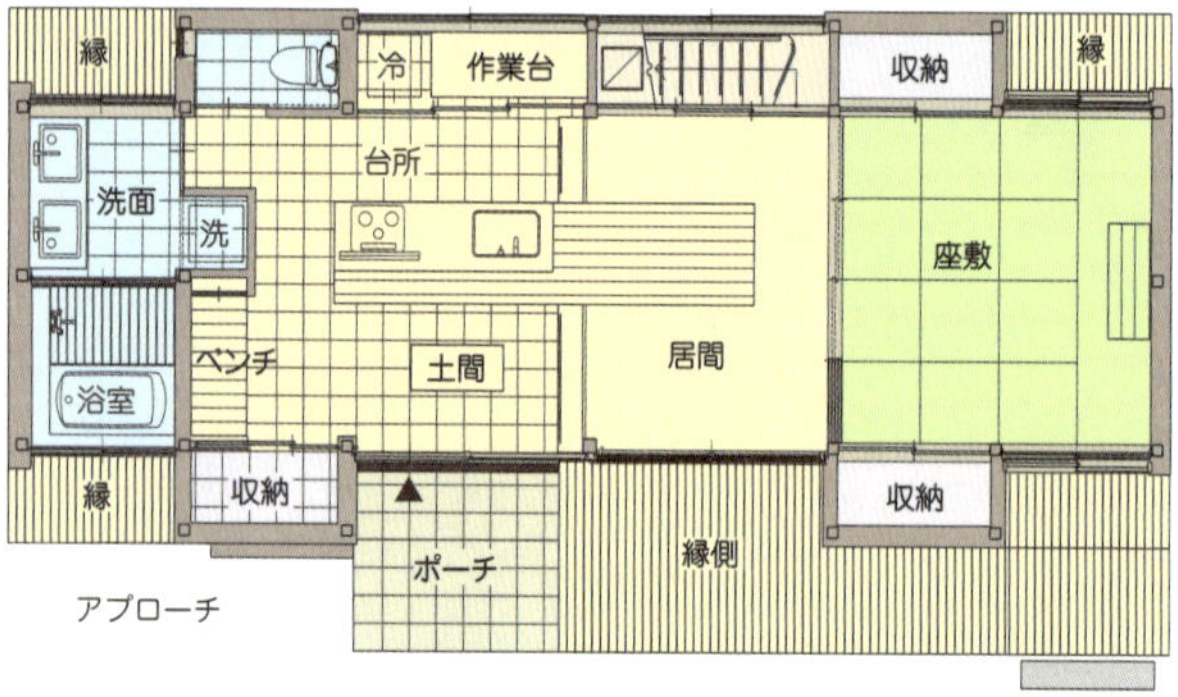

1階

従来のリビング的空間を取り払い、土間から座敷、吹き抜けを介して2階ロフトまでを一体化しながら、多機能空間を構成している。吹き抜け前をワークショップ空間とし、ワークデスクと本棚を設置して、目下の子供部屋として使用している。はしごを上がれば遊び場となるロフトもセット。また、広々としたキッチンカウンターは、子供の勉強場所としても最適。

【写真／p175上：瀬野和広、同下2点：吉田 誠】

学習するにも遊ぶのにも最適なロフトつきのワークショップ空間。

玄関土間にキッチンを設け、食とくつろぎの場を一体化している。

キッチンカウンターが居間まで延びて縁側とも一体化し、外の人も迎え入れる。

将来、子供部屋となる間取りを柔軟に考える

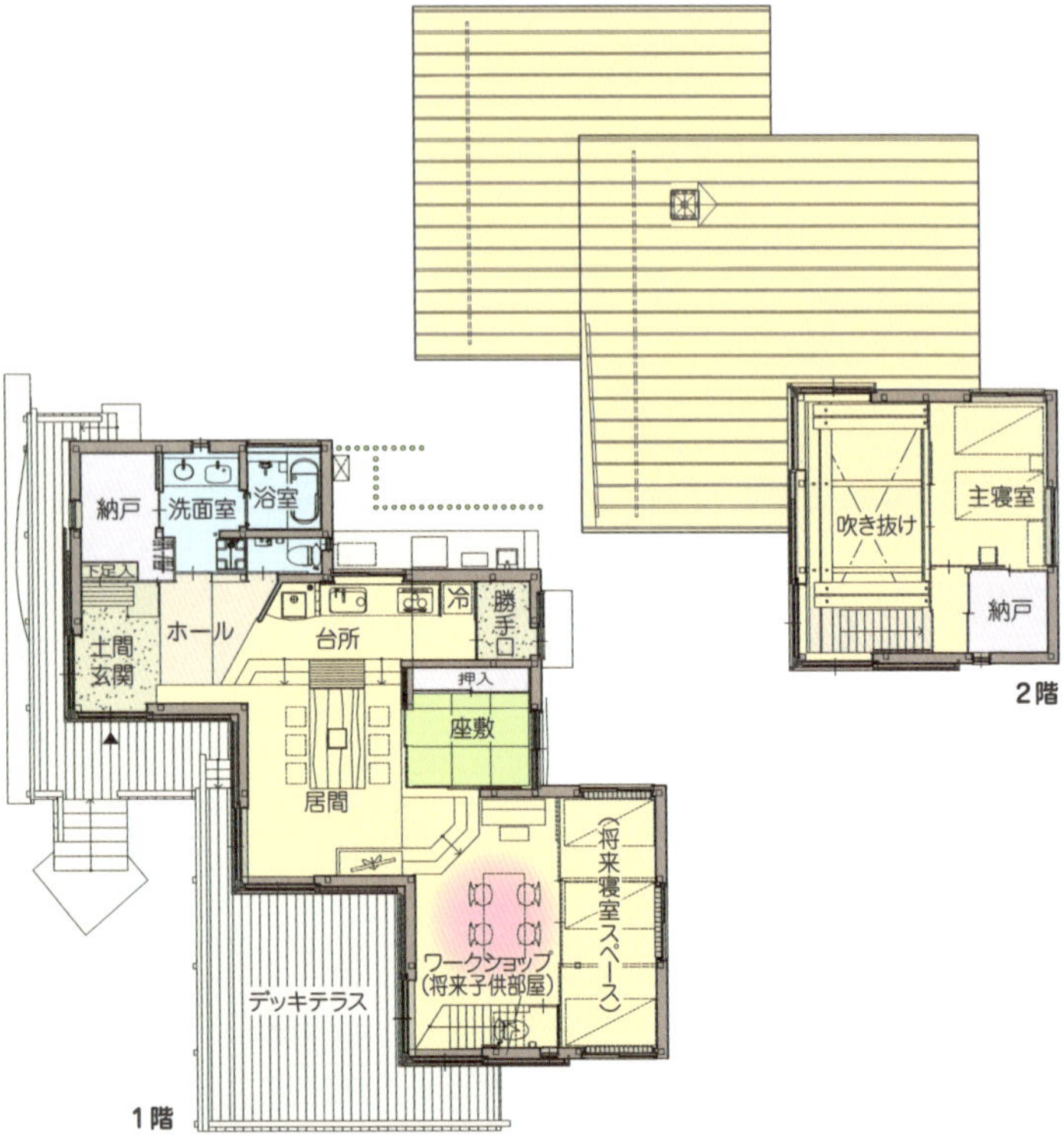

この家の三人の男の子たちにはまだ個室が与えられていないため、居間の食卓で学習している。また、将来、子供部屋となるワークショップは、仕切りのある寝室スペースを三つ設ける予定。ただし、そのほかのスペースは、従来どおりワークショップとして機能させ、子供たちが共有して使用する。

【写真／上田 宏】

居間からデッキテラスを臨む。写真左のステップを上ればワークショップへとつながる。

子供たちは生活しながら、自分の目的に合った空間での過ごし方を身につけていく。

居間から吹き抜けのある開放的なワークショップを見上げる。

空間をどう活用するか柔軟に発想するのがポイント。

仕切らない空間づくりで子供の好奇心を刺激する

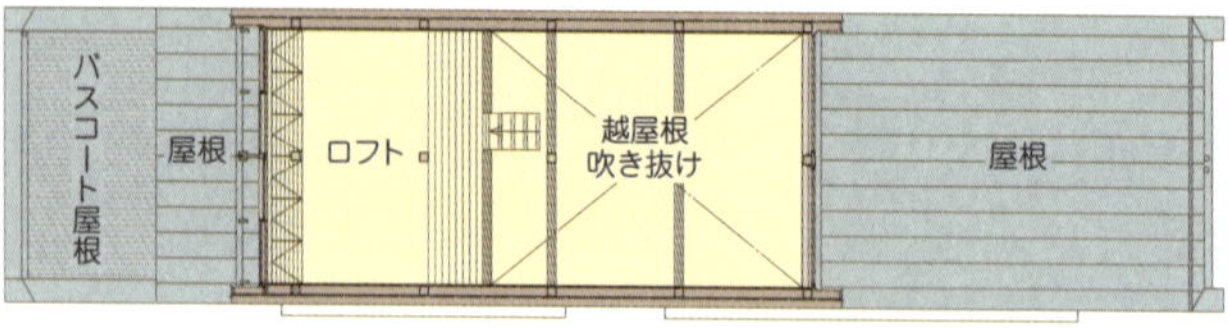

ロフト

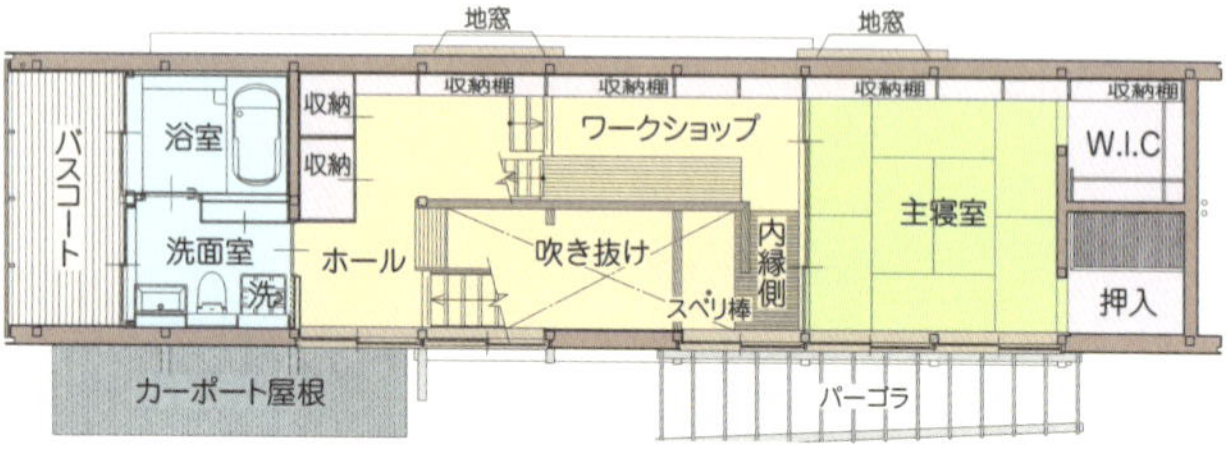

2階

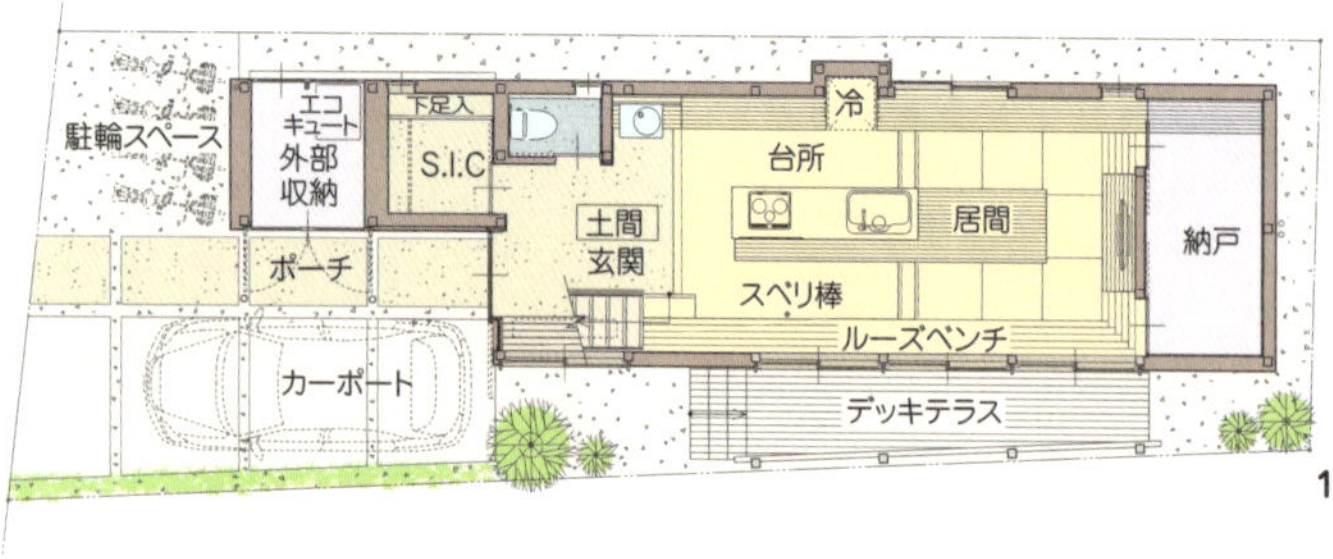

1階

キッチン床から天井まで届くスベリ棒が設置され、子供たちは上り下りすることで、家全体の仕切りが少なく、キッチン上が吹き抜けになっている開放的な空間を満喫することができる。2階のワークショップにはデスクのほか、壁面に収納棚が多数設けて家族共有のスペースに。1階の大きなキッチンカウンターも家族みんなで使うことができる。

【写真／吉田 誠】

スベリ棒で遊ぶことで、住まいの空間を体感することができる。

2階のワークショップやホールは、家族みんなが活用できる。

土間から続く、キッチンと居間は使い勝手のいい多機能空間。

どんな子供部屋にするかは
家族の話し合いで決めていく

子供たちは、居間はもちろん、階段、吹き抜け、バルコニーから納戸まで、常に家中の空間を探検・発見しながら育っていく。この家にはまだ子供部屋はないが、子供たちが自分の部屋が欲しいと言い出したら、ワークショップと家全体の使い方を家族で語り合って決めていくことになる。

【写真／瀬野和広】

2階のワークショップ。写真左奥に見えるのは主寝室。

ワークショップはステップを介して二つの空間で構成されている。

階段上は、1階から続く窓によって開放感あふれる空間に。

キッチン前に小上がりを設けると部屋の機能性が高まる。

あらゆる楽しみが詰まった
機能性抜群のキッズホール

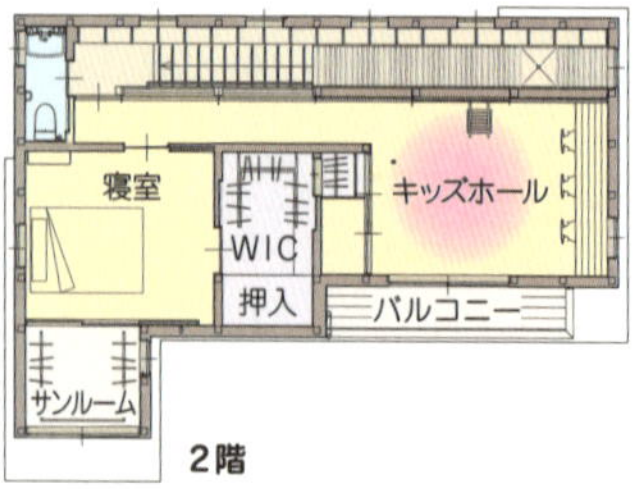

2階

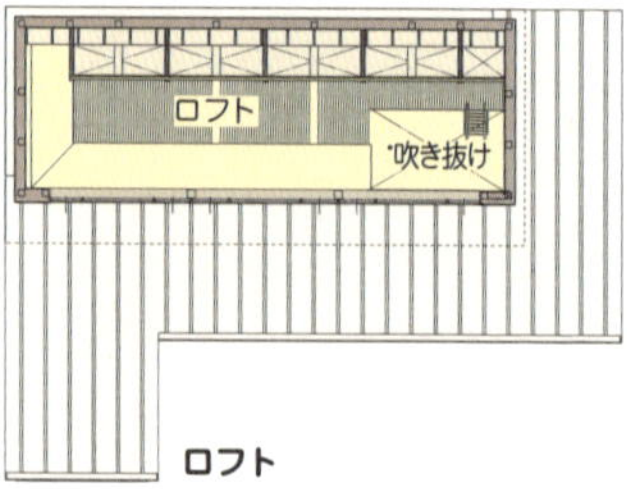

ロフト

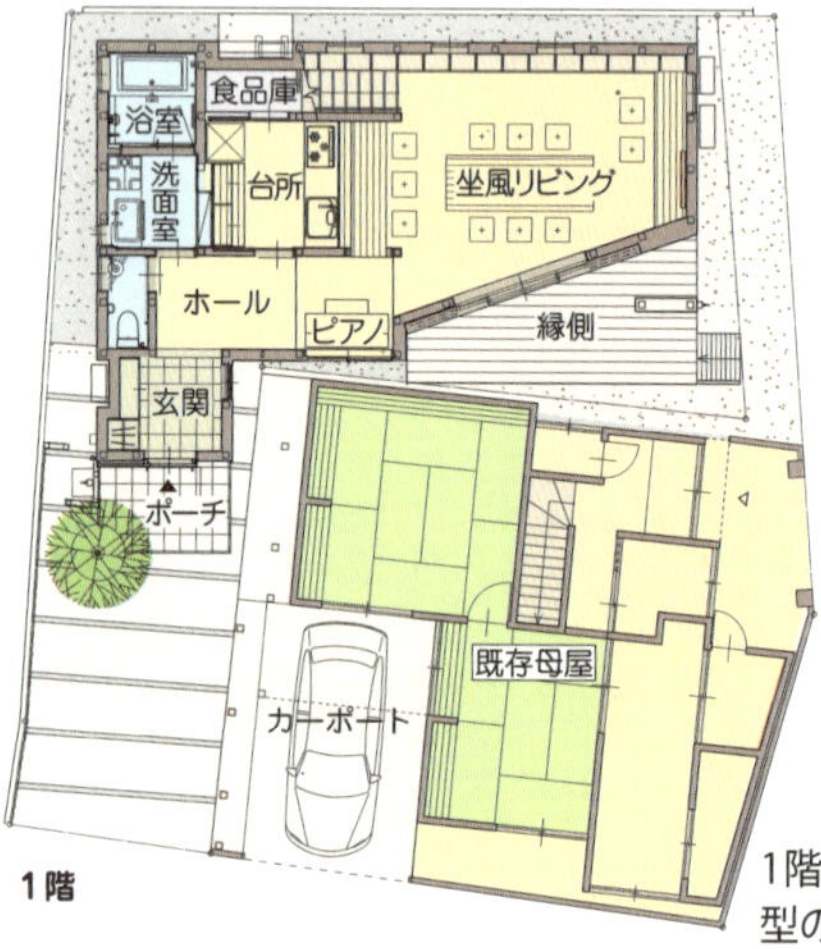

1階

1階の床からロフトの天井まで届く大型の壁面収納をはじめ、ブランコやはしご、スベリ棒、落書きコーナーやロフトの秘密基地のようなスペースなど、楽しむための装置であふれている。この空間は、三人（姉弟と妹）の子供たちの元気で自由闊達な行動に触発されて完成。まさに家が子供たちを育てる道具であることを立証する事例となった。

【写真／瀬野和広】

キッズホールの大型壁面収納にはあらゆるモノが詰まっている。

キッズホール上のロフトへは、はしごやスベリ棒でアクセスする。

秘密基地のようなロフトは、子供が一人きりとなる居場所を提供する。

迫力ある壁面収納。ロフトではブランコも楽しめる。

自由気ままに落書きできるホワイトボードも設置。

子供部屋が主役の
キッズパークハウス

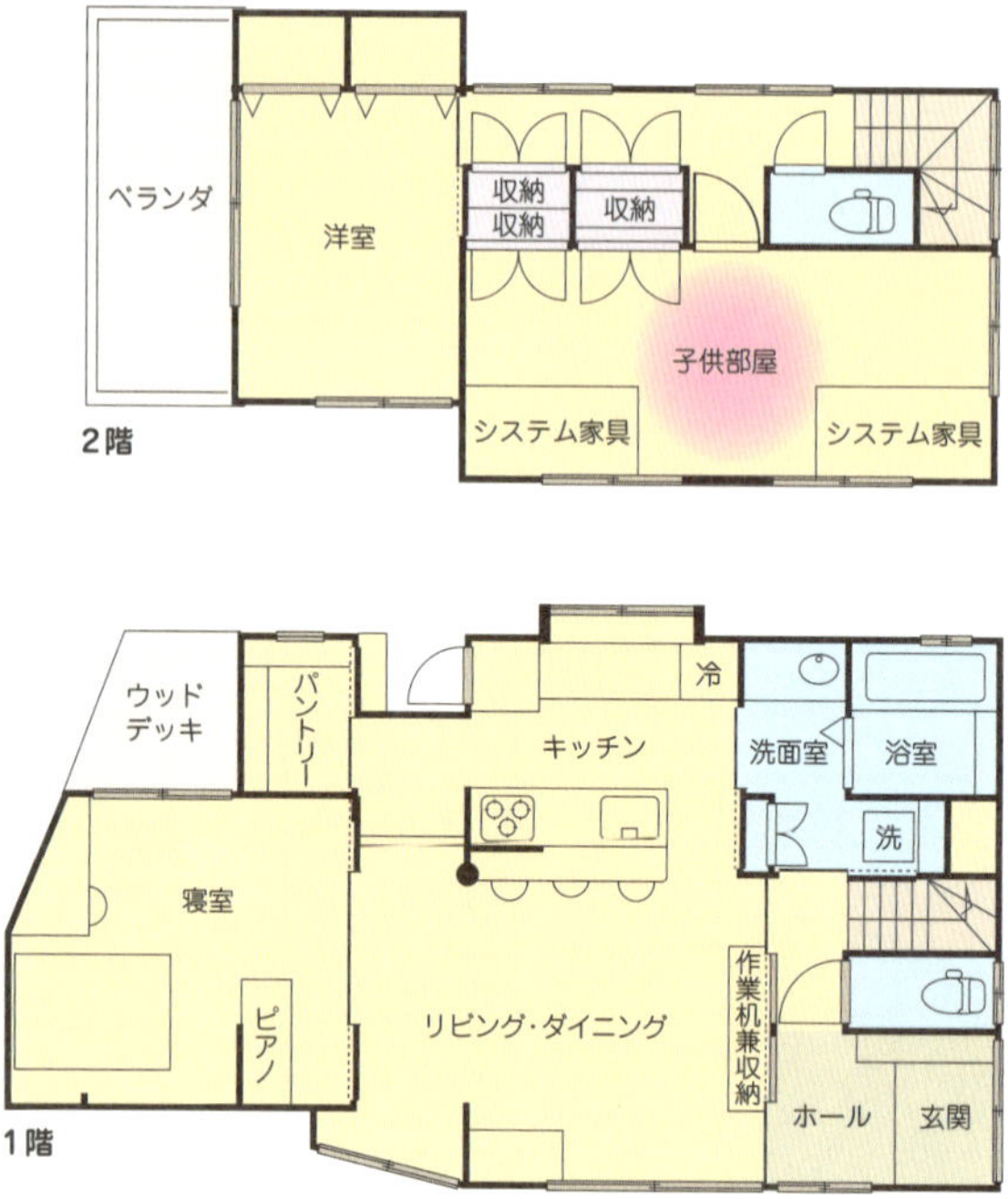

リフォームで天井を取り払い、梁を剥き出しにした開放的な空間にブランコやロープが取り付けられ、よく学びよく遊べる子供部屋が完成。天井裏のスペースも子供たちが遊べるロフトになっている。この部屋のもう一つの自慢が、デスクと収納とベッドが一体となった造作のシステム家具。ジャングルジム感覚で楽しみながら使うことができる。

【写真／中川敦玲】

ブランコやロープに加え、奥の壁面には黒板もある。

機能的な子供用のシステム家具は、建築家が考案してDIYでつくられた。

両親の寝室にあるパソコンコーナーは、家族共有のスペース。

キッチン前のカウンターには自然と家族が集う。

LDKの中央に設けた階段が家族の団らんを育む

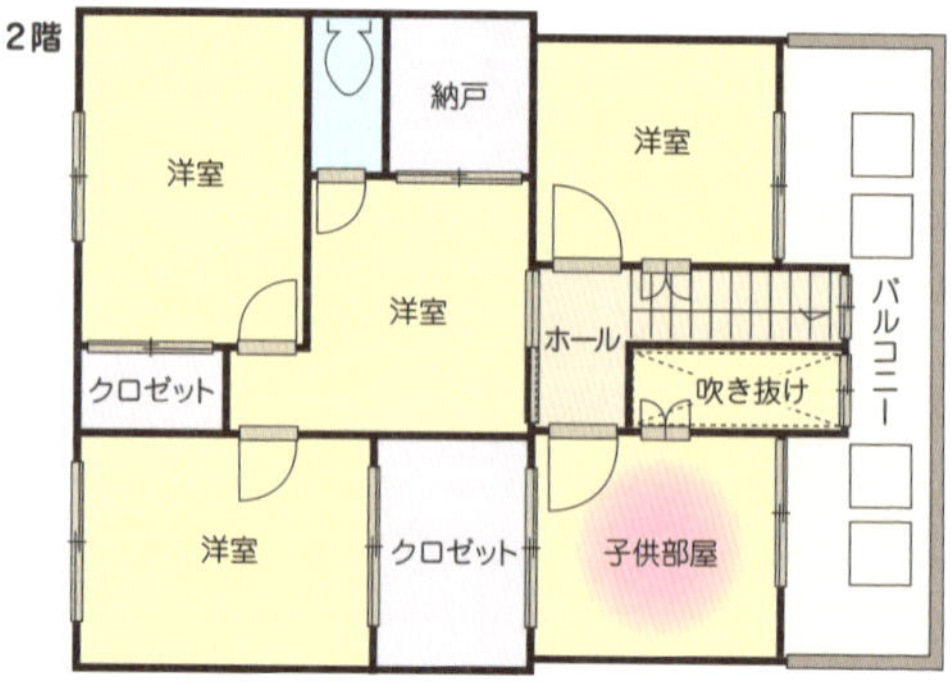

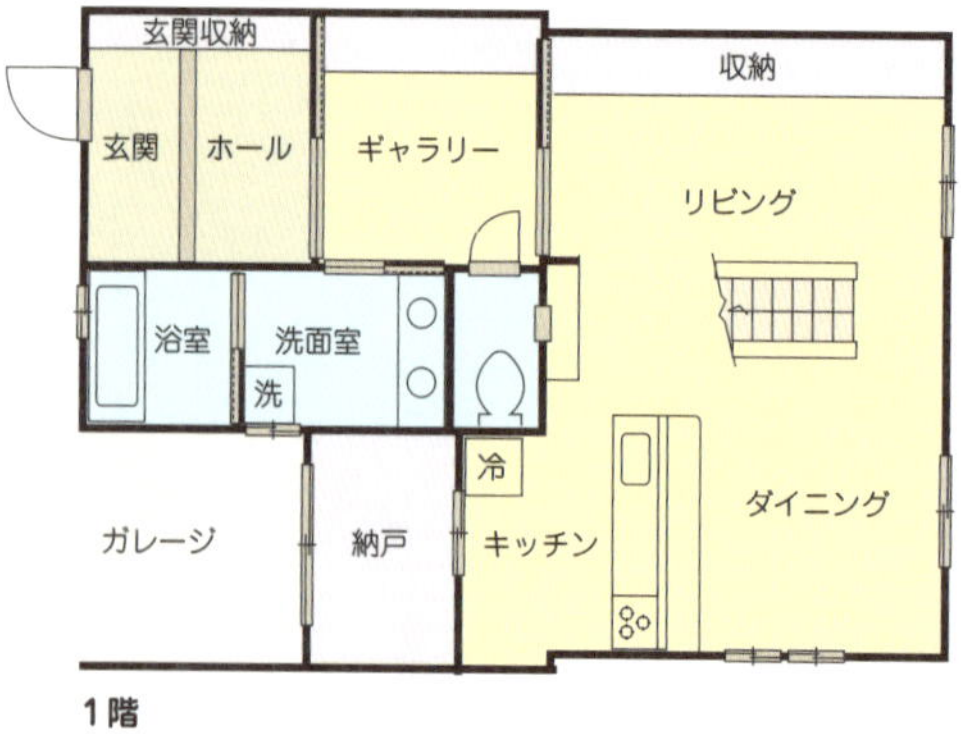

玄関を入ってすぐに階段があると、家族の顔を見ずに2階へ上がってしまうため、広々としたLDKの中央に階段を設置。すると、子供たちが腰掛けてじゃれ合うなど格好の遊び場となり、家族に団らんをもたらしている。また、2階のレイアウトは、各部屋の扉を開放すれば自由に回遊できる動線を実現。子供たちが元気に動き回ることができる。

【写真／岩間武夫】

ジャングルジムのような階段
は、子供たちの遊び場に。

光が入り風が通り抜ける1階のLDK。

子供の作品を飾る1階ギャラリー。

子供部屋には三段ベットを採
用して空間を有効活用。

造作ベンチの背もたれは前後
にサイドチェンジできる。

2階をリビングにして光と風を取り入れ ロフトを子供部屋に

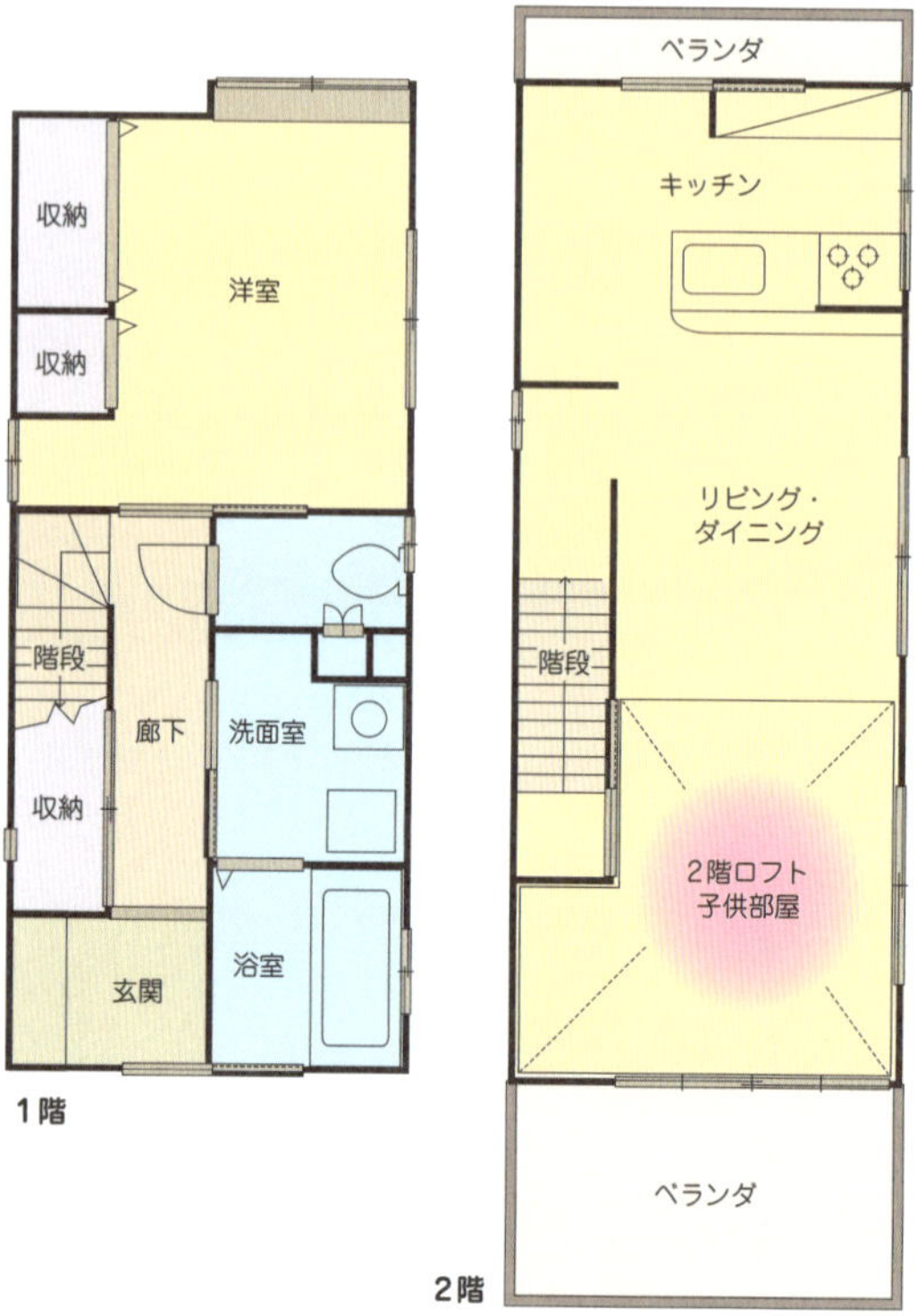

2階にリビング・ダイニングとキッチンを配したことで、光を取り入れることに成功。加えて、上部を吹き抜けとして開閉式の天窓を設置して、風の通り道を確保した。また、2階ロフトの子供部屋は、さわやかで明るい快適な空間となった。

【写真／岩間武夫】

リビング・ダイニング上部のロフトが子供部屋。

吹き抜け、天窓、大きな開口部で光と風を家中に取り入れている。

天窓からの光がロフトの子供部屋の机を照らす。

子供部屋は明るくコンパクトで使い勝手のいい空間に仕上がっている。

家族が集う開放的なLDKと
おしゃれな子供部屋

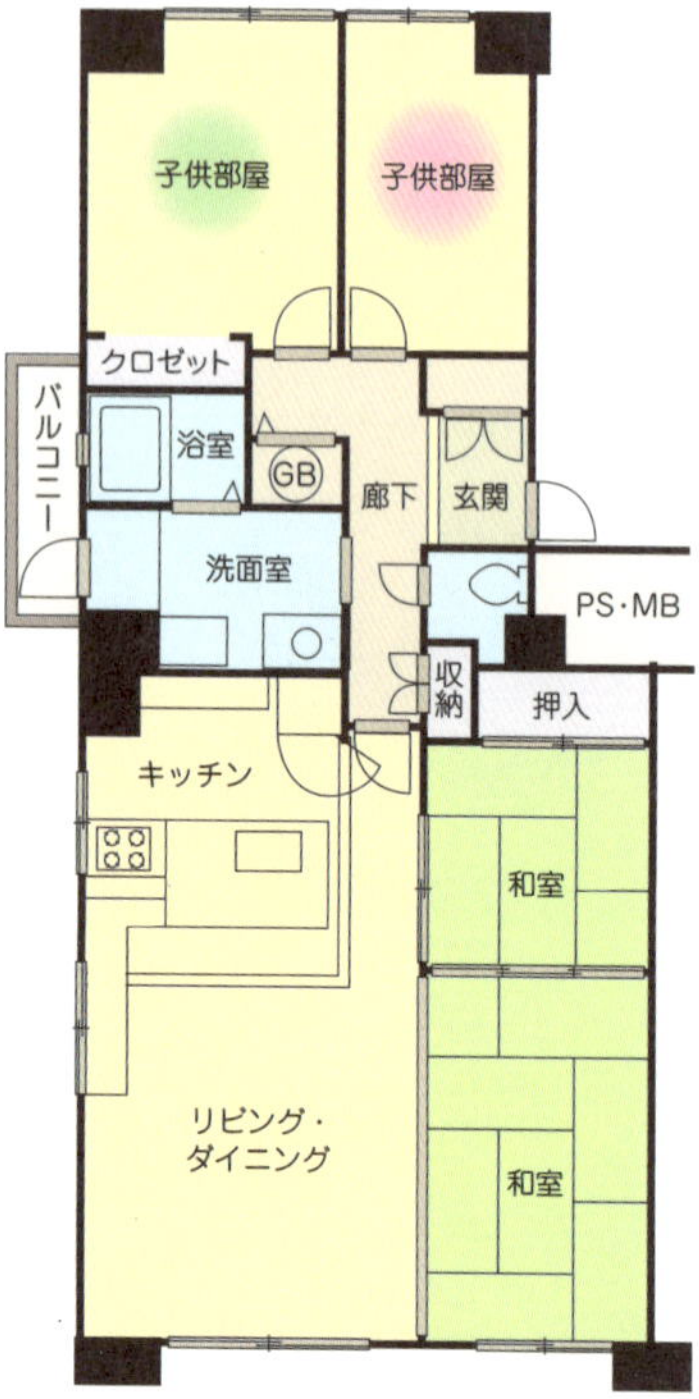

キッチン、リビング・ダイニング、和室がひとつながりになった、広く開放的な間取りを実現。シンクから広いカウンターまで、継ぎ目のない一枚のステンレスで仕上げたオリジナルキッチンや、リビング・ダイニングのテーブルには家族が自然と集まってくる。また、男女で色分けされた子供部屋は、実用性もデザイン性も高い仕上がりとなっている。

【写真／中川敦玲】

［上］子供たちは食卓や、［左］窓際のパソコンコーナーで過ごすことも多い。

対面式のキッチンカウンターにも家族が集う。

木箱を収納棚として上手に活用。

［右］女子の部屋はピンクを基調とし、［左］男子はグリーンを効果的に使用。

◉著者プロフィール
藤原智美 ［ふじわら・ともみ］

1955年福岡市生まれ。1992年、『運転士』で芥川賞受賞。その後、小説創作とともにノンフィクションも手がける。

『「家をつくる」ということ』『暴走老人！』はベストセラーになる。住まい、子育て関連の作品には『なぜ、その子供は腕のない絵を描いたか』『たたかうマイホーム』『「子どもが生きる」ということ』など多数がある。

最新作は『スマホ断食』、近刊に『文は一行目から書かなくていい』。

◉企画・編集協力＋デザイン：編集室ウイング
◉カバー＆図録扉イラスト：©SUNNY/WAHA/amanaimages

集中力・思考力は個室でこそ磨かれる
なぜ、「子供部屋」をつくるのか

2017年2月20日　第1版第1刷

著　者　　藤原智美
発行者　　後藤高志
発行所　　株式会社 廣済堂出版
〒104-0061 東京都中央区銀座3-7-6
電話（編集）03-6703-0964
（販売）03-6703-0962
FAX（販売）03-6703-0963
振替 00180-0-164137
URL http://www.kosaido-pub.co.jp
印刷・製本　株式会社 廣済堂

ISBN978-4-331-52078-9 C0095